保育施設の災害対応ガイドブック

愛知県立大学看護学部 教授
愛知県立大学 地域災害弱者対策研究所 所長
医学博士
清水宣明

中日新聞社

まえがき

「こわがっても、よいことはなにひとつない」

私の危機管理の先生の言葉です。こわがると、頭の中が真っ白。判断を間違い、萎縮して適切な行動ができない。楽しくないので他人任せ。

日本の災害対策の現状はどうでしょうか。むやみに不安が煽られ、危機感を持つことが、あたかも防災の目的であるかのようです。教育現場でも「こわがること」が立派とされ、こわがらないことが、まるで悪であるかのように扱われます。

おかしなことです。スポーツを見てください。トレーニングは不安や問題をはっきりさせ、それを解決して、本番で自信を持って力を発揮するためのものです。こわがっていたら、よい結果は出せません。

災害対策も同じです。目的は、不安や危機感を解消して、安心や自信を得ることです。自信を持って困難に立ち向かえるようになるためです。そのために必要なのは、こわがることでも危機感を持つことでもない。災害を知り、自分の力を知り、正しい対応策を見つけ出して、それをできるようにすることです。

災害の強大な力には、まともにはかないません。人間の力には限界があるからです。できることしかできません。しかしながら、保育施設は、その「できること」をどれくらい知っているでしょうか。実はできることを知って上手に使えば、災害にうまく対応して命を守れるのです。

そのために本書を書きました。保育施設は無理が効きません。災害では圧倒的に不利に見えます。でも、実はそうではありません。弱いがゆえ

2

に、自分たちの力を正しく知ることができます。それを現実に即して活かすこともできます。

　災害対策に必要なのは具体性です。こわがることではない。こわいなら、「何が、どうこわいのか？」「それなら、どうする？」です。具体性のない理想論や危機感を煽るお説教など邪魔なだけです。

　本書では、災害が発生する前の準備から、発生して避難し、そして子どもたちを保護者にお渡しするまでに保育施設が取るべき行動について、「何を？なぜ？どのように？」を解説しました。徹底して具体的なので、一度にたくさん読むと疲れます。問題が起こったとき、何かに気づいたとき、その箇所だけを読んでください。

　また、本書は保育施設を対象とした災害対策として書かせていただきましたが、実は保育施設に限らず、すべての災害弱者とその関係者の方々が、災害対策を策定するための参考にしていただけます。なぜなら、保育施設は災害弱者の特徴のほとんどすべてを有しているので、そこでの対策は汎用性が高いからです。

　何度でも繰り返します。災害対策に必要なのは、安心と自信です。皆さまが、安心と自信をもって災害に備えるためのお役に立てれば幸いです。

　保育施設が明るく楽しい毎日でありますように！

愛知県立大学看護学部 教授
愛知県立大学 地域災害弱者対策研究所 所長
医学博士
清水宣明

目次

まえがき ———————————— 2

I 災害発生！ 落ち着いて対処するには？ ———————— 11

1. 地震だ！ ———————————— 12
2. 物品の危険度を評価しよう ———————— 13
3. 地震を知らせよう ———————————— 14
4. まず身を守ろう ———————————— 14
5. 身を守るための行動 ———————— 16
6. 「ダンゴムシのポーズ」より
   「ダンゴムシごろんのポーズ」 ———————— 17
7. 本部の立ち上げと安否確認 ———————— 19
8. ケガの手当 ———————————— 21
9. 基本はそのまま園舎内避難 ———————— 22
10. 普段から他の保育施設との
    つながりを作っておこう ———————— 23
11. お散歩中に地震が起こったら ———————— 24
12. 通園の途中で発災したら ———————— 26
13. 遠足中に発災したら ———————— 28
14. お散歩中に天気が急変したら（応用） ———————— 29

II 上手に避難するには？ 急性期(混乱期)の対応 ———————— 31

1. 火災をチェックし、監視しよう ———————— 32
2. 緊急園舎外避難の手順 ———————— 35
3. 初期消火が重要 ———————— 38
4. 園舎の被害を調べよう ———————— 38
5. 園庭への避難移動 ———————— 40
6. 園外への避難移動 ———————— 42

（ア）園外避難の準備をしよう　43

- 暑さ・寒さ対策用品　44
- 雨具　45
- トイレ用品とおむつ　45
- 食べ物と容器　46
- 乳児用ミルク　46
- 飲み水　47
- 救急用品　47
- 運搬用品　47
- 情報通信機器　48
- 照明機器　49
- おもちゃ　49
- 嗜好品など　49
- 名簿　49
- もしもし巾着　50
- その他　50

（イ）避難場所を選ぼう　51

（ウ）実際の園外避難移動　53

（エ）避難場所に到着したら　56

7. 園舎内をお掃除しよう──────56

8. 情報を集めよう──────57

（ア）地震・津波の情報　57

（イ）天気の情報　58

（ウ）電気、ガス、通信の情報　58

（エ）道路の情報　60

9. 津波避難をどう判断するか──────60

10. 水を確保しよう──────66

11. 保護者への連絡と約束
　　- かえらない、かえさない - ————————————— 67

12. ゲリラ豪雨になったら（応用）————————————— 69

13. 土砂災害が心配なら（応用）————————————— 72

14. 保育中の警報発令！どうする？————————————— 72

15. お泊りの準備をしよう————————————————— 74

16. 病児保育施設の対応——————————————————— 76

Ⅲ 安心して避難所で過ごすには？ 慢性期（安定期）の対応 ——79

1. 暑さ・寒さへの対策——————————————————— 80

　（ア）熱の出入りのバランスと体温調節　80

　（イ）低体温症とは　81

　（ウ）低体温症を防ごう　82

　（エ）熱中症とは　84

　（オ）熱中症にならないために　85

2. トイレは防災のかなめ————————————————— 87

3. お泊り———————————————————————————— 88

4. 子どもの心を守る———————————————————— 91

5. 困ったら遠慮なく助けを呼ぼう———————————— 91

6. 避難場所での犯罪被害を防ごう———————————— 92

7. 保護者への引き渡し—————————————————— 94

8. 職員と家庭——————————————————————— 96

9. 在宅中に発災したら—————————————————— 97

10. いつ保育施設を再開するか—————————————— 98

11. 子どもへの中・長期的な影響————————————— 99

IV 事前準備 —————————————————— 101

1. 避難物品と考え方 —————————————————— 102

(ア) トイレ用品　102

(イ) 調理器具　103

(ウ) 予備バッテリーとソーラーパネル　105

(エ) 食べ物　106

(オ) 飲み物　107

(カ) ミルクとカップフィーディング　108

(キ) 保温・冷却用品　110

(ク) 照明機器　112

(ケ) 運搬用品　112

(コ) 小型テント　113

(サ) 情報システム　114

(シ) 病院　114

(ス) その他　115

- ゴミ袋　115
- おむつ、生理用品　115
- からだ拭き紙シート　115
- バール　115
- 固定用品　115
- 蚊取り機器　116
- 救急用品　116
- おもちゃ　116

2. もしもし巾着 —————————————————— 117

3. 止血法と初期消火 —————————————————— 118

(ア) 圧迫止血法　118

（イ）初期消火法　120

V　実情に合った災害対策を作ろう ——————— 123

1. 現在の問題点 ——————————————— 124

2. ドタバタ・イベント法 ——————————— 124

（ア）ドタバタ・イベントを想像しよう　124

（イ）ドタバタ・イベント・カードを作ろう　125

（ウ）ドタバタ・マトリックス台紙を作ろう　126

（エ）ドタバタ・イベント・カードを分類しよう　127

（オ）これがあなたの保育施設の被災の姿　128

（カ）解決手段でイベントを分類しよう　129

（キ）事前解決（準備）できる課題はさっさと解決しよう　130

（ク）アクション・カードを作ろう　131

（ケ）やってみて確認し、修正しよう　131

（コ）アクション・カードを活用しよう　131

（サ）全体をまとめよう　132

（シ）既存のマニュアルとの関係 – 表と裏 –　133

（ス）マニュアルの完成　134

（セ）BCPを作る　135

3.　避難訓練はどうやるか ————————— 136

VI　保育施設の防災の考え方 ——————————— 139

1. 災害弱者とは ————————————————— 140

2. 災害弱者避難の基本方針 ——————————— 140

3. 自分たちの力を知る、使う、活かす ——————— 142

4. 自分のベストでよい ————————————— 143

5. 保育施設災害対策のポリシー ————————— 145

　　① 最弱児を基準にして全体を組み立てよう　145
　　② 冗長性を担保しよう　145
　　③ がんばらない、がんばらせないことを
　　　　基準にしよう　145
　6. 保育施設は地域災害対策の
　　グローバル・スタンダード────────── 145

VII 災害対応カード────────────── 147
　1. アクション・カードの書式────────── 148
　2. アクション・カードの内容────────── 149
　3. アクション・カードの事例────────── 150
　　● 初動指示(リーダー)　150
　　● 初期消火　151
　　● 園庭への移動　152
　　● お散歩中の発災　153

- 遠足で地震発生　154
- 外部から保育施設へ連絡　155
- 圧迫止血法　156

4. 事前解決(準備)カードの書式 —————————— 157
5. 事前解決(準備)カードの内容 —————————— 158
- 解決すべき課題　158
6. 事前解決(準備)カードの事例 —————————— 159
- ドアが開かないときの対処法　159
7. チェックリストの事例 —————————————— 160

物品安全度チェックリスト　160

火災防止チェックリスト　161

もしもし巾着チェックリスト　162

園外避難持ち出し物品チェックリスト　163

索引 ———————————————————————— 164
謝辞 ———————————————————————— 166
あとがき —————————————————————— 167

I
災害発生！
落ち着いて対処するには？

1. 地震だ！

　地震に気づくのは2つの場合です。ひとつは、実際に揺れを感じたとき、もうひとつは、緊急地震速報が出されてテレビやスマートフォン、あるいは専用の警報装置が発報したときです。いずれにしろ、即座に身を守る行動をします。

　日本中に設置されている地震計が揺れを検知すると、そのデータは即座に気象庁に送られて分析されます。それが震度5弱以上の地震と判断された場合には、震度4以上で揺れると予想される地域に緊急地震速報が出されます。地震の発生から約10秒で、地震の規模、震源、各地の予想震度が知らされます。地震は震源から離れれば離れるほど、発生から揺れを感じるまでの時間が長くなります。ですから、震源からある程度離れていれば、揺れが来る前に速報を受け取って身構えることができるかもしれません。しかし、震源が近いと（おおよそ震源から40km以内）、速報と揺れがほぼ同時のことも、揺れ始めた後に速報が出ることもあります。

　地震はどこで起こるかわかりませんので、地震の発生を、揺れ、速報、どちらで知るにせよ、対応の仕方に違いはありません。速報を受け取ったときにまだ揺れていなくても時間的に余裕があるとは限らないので、1秒後に揺れると考えて覚悟を決めましょう。

緊急地震速報

2. 物品の危険度を評価しよう

　建物が大きく揺れると、いろいろな物品が倒れたり落ちたり壊れたりします。地震が起こったときに保育施設でまず怖いのは、子どもがそれらでケガをすることです。園舎内のすべての物品に対策を施せばよいのですが、現実的に不可能です。家具の固定が推奨されますが、保育のために固定できない大きな物品はたくさんあります。では、どうしたらよいでしょう。

　答えは、視点を物品ではなく子どもに移すことです。物品に被害が出ても、子どもがそれで大けがをしたり命を失ったりしなければよい。ケガが避けられなくても、保育施設で手当てができる程度ならよしとして準備します。

　具体的には、園舎内のすべての物品について、倒れたり落ちたり壊れたりした場合の危険度を評価して、以下の3つに分類します（リストや園舎内マップを作ってもよい）。

　①青物品：ケガをしない

　②黄物品：手当てができる程度のケガをする可能性あり

　③赤物品：大けがをする可能性あり

そして、まず赤物品についてだけ以下の対策をします。

・倒れたり落ちたり壊れたりしない（しにくい）ようにする。

・固定できない大きな物品は、紐などで動きにくくする。

・角張って危険な個所は、クッション材で覆う。

・落ちてきて危険なものは、置く位置をできるだけ低くする。

・割れると破片が飛び散るものは、破片をただちに除去するための「ほうき（箒）」などを準備する。

　余裕があれば黄物品にも対策を広げましょう。どうしても対策ができない赤物品は、事前に位置を明確にしておいて、地震が起こったときには、それらの危険が及ばない範囲に逃げましょう。（160ページ「物品安全度チェックリスト」を参照）

Ⅰ 災害発生！　　13

3. 地震を知らせよう

「地震だ!」と感じたら(あるいは緊急地震速報に気づいたら)、即座に子どもたちに知らせましょう。「地震!」と繰り返し叫んでもよいし、「ゴジラが来たよ!」でもよいし、笛を吹いてもよいです。事前に合図を決めて、子どもたちに覚えさせておきます。笛は地震以外の緊急時にも使えるので、保育中は常に職員全員が携行しましょう。

ただ、それらの目的は、子どもたちに「揺れを知らせてケガを防ぐ行動を開始させるため」です。怖がらせるためではないので、「鬼気迫る」叫びは必要ないどころか有害です。子どもは、不快な叫び声や緊急地震速報の音をいきなり聞くと、強い恐怖を感じて適切な避難行動ができなくなります。

特に緊急地震速報など、保育施設で鳴る可能性のある非日常的な非常通報音には、普段からある程度慣れさせておくとよいでしょう。怖がらせるためではなく、非常事態を知らせるためだからです。子どもを怖がらせて良いことは何ひとつありません。非常通報音は不快な音なので、みんなが知ったら、即、止めましょう。

4. まず身を守ろう

地震の発生を知ったら、即座に身を守る行動に移ります。地震によるからだへの危険は、不意打ちである本震(第一撃)が最大なので、身を守る行動が反射的にできるように、普段から練習しておきましょう。

室内の場合は、落下物や転倒物から身を守るために、机などの下に入りましょう。ただ、慌てて入ろうとすると、お互いがぶつかったり、机の角に顔をぶつけてケガをしたりすることがあります。落ち着いて周りをよく見ながら動く練習をしておきましょう。下に入ったら、おしりを床につけて座り、机の脚をしっかりと握ります。蹲踞(そんきょ、しゃがんだ姿勢)だと、揺れで机ごとひっくり返る恐れがあるためです。

机の下での座り方

子どもたちを落ち着かせ話をする

　机などがない場合には、落下や転倒する物品が少ない場所に移動して座ります。部屋の中で「比較的安全な場所」をあらかじめ調べて決めておいて、そこへの移動を練習しておきましょう。できれば壁ぎわがより安全です。壁が建物を支える柱の役割を担っているので、天井からの落下物が比較的少ないからです。

　ずっと机の下に入っているのはつらいので、揺れが収まったら子どもたちを机の下から出して、部屋の中の比較的安全な場所に集めて座らせ、十分に声かけをしましょう。「もう大丈夫だよ、こわくないよ、先生がここにいるからね」。子どもが泣いている場合は、焦らずに落ち着くのを待ちましょう。

　乳児や1歳前後の子どもは自分では動けないので、地震に気づいたら、即座に大き目の毛布などを広げてかぶせるか、職員が自ら動いて、できるだけ安全な場所に子どもを移動させましょう。特に乳児は上向きに寝ているので、小さな落下物でも目や顔を傷つけてしまう恐れがあります。とっさに使える大きな毛布などを保育室に常備しておきましょう。

　屋外の場合は、落下物を避けるために建物からできるだけ離れてから

Ⅰ 災害発生！　15

座ります。可能であれば、職員が「ここにおいで!」と場所を示しましょう。これも事前の練習が有効です。揺れが収まったら、あらためて建物から離れた場所に子どもたちを集めて座らせ、声かけをして落ち着かせましょう。

5. 身を守るための行動

　次に問題になるのは危険を避けるための姿勢ですが、地震時の乳幼児の身の安全は、その時どこにいるかでほぼ決まってしまい、姿勢はあまり関係しません。揺れで転んでも、子どもは大人と違って大きなケガをすることは稀です。ですから、慌てずに腰を下ろして揺れに耐えるだけで十分です。

　ただ、大人を含めて3歳以上でしたら、すぐに固まってしまうのではなく、揺れ始めからしっかり目を開けて周囲の様子を観察し続け、もし危険を察知したら逃げる試みができるように練習しておきましょう。子どもは生存本能が強くて敏捷ですから、危険を察知できれば素早く逃げます。災害で命に危険が及ぶような事態は一生に一度あるかないかですから、最初から運を天に任せて目をつぶるのではなく、できる範囲で戦いましょう。

　そして、地震への初動で大切なのは、職員の姿や表情です。人間は集団行動をする動物です。子どもたちはまだ強い保護を必要とする動物です。そして、職員は子どもたちという動物の集団を守るべきボスです。子どもたちは本能的に職員をそのように認識しています。ですから、子どもたちは危

「先生がいるから大丈夫!」

機的状況に置かれると、保護を求めて、まずボスである職員の表情や動きを見ます。もし、そこでボスが恐怖に引きつった表情をしていたり、あわてて混乱していたりすると大変です。職員を「頼りにならないボス」と認識してしまい、どうしたらよいのかわからなくなってしまいます。

　ですから、職員は歯を食いしばってでも、どっしりと構えて自信を持った表情を子どもたちに示しましょう。そして、普段にも増してやさしい表情で声かけをしましょう。「先生がいるから大丈夫! こわくないよ」と。

6.「ダンゴムシのポーズ」より「ダンゴムシごろんのポーズ」

　「地震のときはダンゴムシのポーズを」と指導され、そのような写真を見ることがあります。頭を手で押さえて丸くうずくまった姿勢です。でも実際に、この姿勢は地震から命を守るために有効なのでしょうか。

　命にかかわるような頭への強い打撃に対しては、子どもの手による防御など、ほとんど無意味です。そもそも、手が上手に頭を覆っていることはまずありません。ほとんどが、「頭がいたいよ」「どうしよう、困った」という形だけのポーズです。

　頭は大事な脳を守るために頭蓋骨という固い殻で覆われていますので、頑丈です。小さな手による守りなど要りません。実は、頭の弱点は後頭部が首になる部分です。ここで頭蓋骨が途切れてしまいますが、すぐ奥には大脳と脊髄神経をつなぐとともに血液の循環や呼吸を司っている延髄がありますので、人間の急所です。「ダンゴムシのポーズ」で頭を前に下げると、そこがさらけ出されて無防備になってしまいます。

　また、背中の中央表面近くには脊椎(背骨)がありますが、脳と同じ中枢神経である脊髄が通っています。加えて、上半身では脊椎の左右に肋骨が伸びて大事な心臓や肺を守っていますが、比較的打撃に弱く、折れると内臓を傷つけてしまうこともあります。さらに、「ダンゴムシのポーズ」のまま、

I 災害発生!　17

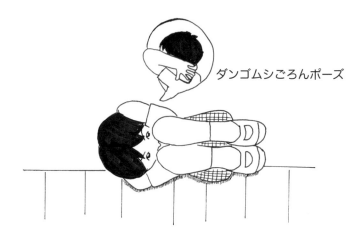

ダンゴムシごろんポーズ

重い転倒物や落下物に上からのしかかられると呼吸ができなくなり、力も入らないので脱出が困難になってしまいます。

ですから、「ダンゴムシのポーズ」は、からだの弱点をさらけ出す危険なポーズなのです。少しでも生き残る確率を上げたいのならお勧めしません。「運を天に任せます、好きにしてください、怖いものは見たくありません」という「見ぬもの清し（見なければ無いも同じ）」のポーズでしかありません。

地震対応で特別な姿勢は必要ありませんが、部屋が大きく破損して下敷きになる可能性があるような状況に追い込まれた場合には、最後の手段として「ダンゴムシごろんのポーズ」をお勧めしています。これは「ダンゴムシのポーズ」を横倒しにしたような体勢です。

・両膝を抱えて座る。
・手を首の後ろで組んで延髄をガードするとともに、両肘でしっかり顔を挟む。
・両膝を胸にしっかり密着させたまた横倒しになる。
・首や背中を丸めて体全体として丸まる。

この体勢だと、上側には肉と骨しかありませんので、ケガをしても致命傷になりにくく、上から重い物にのしかかられても呼吸ができます。にじり動いて脱出を試みることもできるかもしれません。最後の手段として覚えておいてもよいでしょう。

7. 本部の立ち上げと安否確認

　大きな揺れが収まったら、職員はヘルメットをかぶりましょう（ヘルメットは各部屋に職員用を常備）。これから園舎内外を動き回ることになるからです。ただし、地震が起こったときに園庭にいた場合は、あわててヘルメットをかぶりに園舎内に戻る必要はありません。なお、子どもにヘルメットなどをかぶらせる必要はありません。最も危険な状況である本震は終わっていますし、後は職員の安全確認の下で動くからです。地震は突然ですので、もし、落下物などに備えるためにヘルメットをかぶる必要があるのなら、不意の危険に備える工事現場のように、常にかぶっていなければならなくなります。どうしても頭が不安なら、多目的に使える「防災頭巾」がよいでしょう。

　その時に保育施設を管理する立場の職員（園長、あるいはその時在園する職員の中で職位が上の者）は、自身がリーダーになることを宣言し、対策本部をどこに置くかを全員に伝えます。園舎内の安全管理に漏れがないように、情報を集約する必要があるからです。情報を集約して指示を出す本部とリーダーが存在しないと、これからの複雑な動きの統制が取れずに、思わぬ事故や漏れが起きやすくなります。

　まず、職員に子どもたちの安否確認を命じます。
「全職員に連絡。○○（名前）です。私がリーダーです。○○（場所）を本部とします。職員は子どもの安否確認をお願いします」。

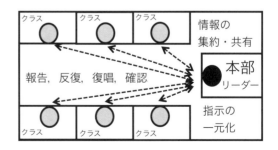

● **非常時の情報の流れ**
情報を集約・一元化して漏れがないようにしよう

I 災害発生！

これを大声やメガホン、あるいは園内放送で2回伝えます。どのくらいの大声なら園全体に伝わるか、事前に試しておきましょう。

　職員は直ちに自分が担当している子どもの人数と名前をチェックして、行方不明児がいないかとケガの有無を確認します。在園している子どもの名前と人数は、毎日、リアルタイムで確実に把握しましょう。部屋に出欠表を備え付けて、登園・降園のたびに必ずチェックを入れるのもひとつの方法です。それを元に確認すると間違いを防げます（確認を実施した証拠にもなります）。できれば、職員二人で確認します（ダブルチェック）。以降、子どもたちの移動と集合のたびに確認しましょう。確認できたら、結果を本部に大声で報告します。

　「○○クラス、全員います。全員無事です」
　「○○クラス、全員無事。本部、了解です」
　このときに、異常があれば伝えます。
　「○○クラス、ひとりいません。●●ちゃんです」
　「△△クラス、全員いますが、▲▲ちゃんがケガです」
　「○○クラス、●●ちゃん不明。
　　△△クラス、▲▲ちゃんケガ。本部、了解です」

　このように、報告を受けたリーダーは必ず復唱して了解したことを職員に伝え、結果をホワイトボードなどに時刻とともに記録します（確認実施の証拠）。災害時に使うボードは事前に準備しておきましょう。ケガをした子どもがいるときは、救急箱を持って支援に向かいます。普段の保育でも役立つので、持ち出しができる救急箱を備えておきましょう。

　行方不明の子どもがいる場合には、すぐに探して連れ戻す必要がありますが、子どもたちだけを部屋に残したくないので、フリーに動ける職員（その時、クラスを担当していない職員）に依頼しましょう。トイレに行って

いる場合が多いですが、子どもの普段の行動から、捜索すべき場所が
どこかをあらかじめ調べておきましょう。

　ケガの手当てや行方不明児の捜索も、完了したら必ずリーダーに報告し、
リーダーは完了を記録しましょう。(150ページ「初動指示(リーダー)」を参照)

8. ケガの手当

　地震による子どものケガで保育施設が対応しなければならないのは、
ほとんどが切り傷と打撲です。災害訓練などでは人工呼吸や心臓マッサ
ージに重点が置かれますが、それらが必要になる事態は稀です。打撲も
よく起こりますが、緊急性は高くありません。骨折すると添え木などで固
定する必要がありますが、これも稀です。

　対処を急ぐ必要があるのは、切り傷による出血です。出血が多いと命に
かかわりますが、正しい止血法ができれば大丈夫です。あせらずに対処
しましょう。基本は「圧迫止血法」です。傷口を布で押さえ、上から強く圧
迫することで出血を止めます。時間はかかりますが、やがて傷口で血液を
固めるからだの仕組み(凝固)が働いて出血が止まります。ある程度止ま
ったら、傷口を押さえた布はそのままに、上から包帯やタオルなどで強め
に縛ることで圧迫止血を続けます。(156ページ「圧迫止血法」を参照)

　骨折した場合は、非常に痛がり、折れたところが変形していたり、内出
血してきたりするのでわかります。ただ、一般の方が折れた個所を元に戻
そう(整復)として力を加えてはいけません。さらに大きなケガになります。
そのままだと折れた個所が動いてしまい、神経を圧迫して痛いです。折れ
た個所に力がかからないように、添え木を使って隣接する2か所の関節
が動かないように固定して、できるだけ早く医療機関を受診しましょう。
折れた個所の固定ができるなら、どのような物でも添え木に使えます。

　止血法や固定法を含めた子どものケガや事故の対処法(救急法)につ

I 災害発生！　21

● 幼児安全法講習「©日本赤十字社」
受講申し込みは各都道府県の日本赤十字社支部に問い合わせよう

いては、日本赤十字社が幼児安全法「©日本赤十字社」という講習会を開催しています。ある程度の受講人数と場所を確保すれば指導員を派遣してくれますので、都道府県にある日本赤十字社の支部にお問い合わせください。保育関係者（保護者を含む）は受講をお勧めします。正しい救急法を身に付けておくことは安心と自信につながります。

9. 基本はそのまま園舎内避難

　地震で避難というと、まず園舎から逃げ出すことがイメージされて、そのように訓練されることが多いです。しかし、実際、あなたの園舎は、地震でそう簡単につぶれるでしょうか。ほとんどすべての保育施設は、1981年に改定された建築基準法に基づく耐震基準を満たしています。また、木造の建物では、2000年にさらに強化された基準を満たしています。近年の大きな地震で被災した保育施設は多いですが、園舎が大きく損壊した例はほとんどありません。園舎は避難場所や避難所として使えるレベルの安全度があるので、まず園舎内で子どもたちを守ることが基本です。

　また、大地震では津波が起こることがあります。津波というと、すぐに園舎外に逃げ出すことを考えがちですが、園舎が流失してしまうような津波

の規模も、そのような地域も、極めて限られます。津波浸水が想定されていても、ほとんどの保育施設は自分の園舎の二階以上への避難を基本として大丈夫です。(60ページ「津波避難をどう判断するか」を参照)

「避難」とは「難を避ける」ことです。必ずしも「逃げ出す」ことではありません。「逃げ出す」ことは、「難を避ける」ためのひとつの選択肢というだけです。園舎内避難も立派な避難です。特に大きな地震では本震に続いて大きな余震が頻発しますので、しばらくの時間は、まだ「災害が発生中（発災中）」なのです。いろいろな物が落ちたり倒れたりします。動けば動くほど、それらの危険に出会う確率が上がりますので、命を守る基本は、まず「動くな、周囲を見よ、そこで安全を維持せよ」です。

地震が少し落ち着くまで、そして子どもたちも落ち着くまで、集合させたまま声かけを続けてそこで待ちましょう。ちょっとつらいですが、自由に動き回らせてはいけません。もう少しの辛抱です。

10. 普段から他の保育施設とのつながりを作っておこう

少し早いかもしれませんが、これから説明を進めるいろいろな対策においてとても重要なことをお伝えします。

保育施設の災害対策では、他の保育施設との連携が非常に重要です。災害はいつ起こるかわかりません。子どもたちが在園しているときとは限りません。お散歩中かもしれないし、通園の途中かもしれません。遠足中

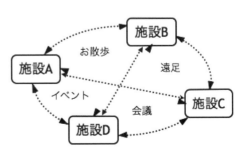

● 地域の保育施設同士の連携
普段からいろいろな機会を
通しておつきあいを育てておこう

I 災害発生！　23

かもしれません。そういう時は、どこかに逃げ込ませてほしいと思うでしょう。また園舎内の避難でも、外部避難場所でも、人や物の助けが欲しい状況になるかもしれません。他の保育施設とのつながりができていると、そういう時に、何らかの支援をいただけるかもしれません。保育施設は、どんなところで何がどのように困っているのか、何をどれくらい必要としているのかが、お互いによくわかっているからです。保育施設は、普段から乳幼児に合った災害への備えをしています。保育施設同士なら、あまり気兼ねをしなくて済みます。これは一般の避難場所には望めないことです。

　周囲の保育施設とはもちろん、通園途中にある保育施設、さらには、もしもの場合に行くかもしれない外部避難場所の周囲の保育施設とも普段からお付き合いをして、協力関係を育てておきましょう。地域の保育施設の間で情報のネットワークを構築しましょう。

11. お散歩中に地震が起こったら

　地震はいつ起こるかわかりません。もし、お散歩中に揺れを感じたら、即座に上方を含む周囲を見まわして、落ちてきたり倒れてきたりするかもしれない危険物がどこにあるかを探索しましょう。そして、危険物がやって来るまでには少し時間がありますので、子どもたちをそれらからできるだけ遠ざける努力をしましょう。

　むずかしいことではありません。職員はお散歩のとき、車が来ないか、もし来たらどうするかを、無意識にも常に観察して、判断して行動しています。それと同じです。もしここで地震が起きたらどういうことが起こるか、その時どう対応するかを考えながら歩いてみましょう。深刻に考えずにゲーム感覚でよいです。すぐに、意識しなくても考えられるようになります。

　最初の揺れが収まったら、落ちてきたり倒れてきたりするものの心配

が少ない広めの場所に移動して、声かけをしながら子どもたちが落ち着くのを待ちましょう。あせらずに待つことも大事な災害対応です。

お散歩コースは、その時の気分で歩くのではなく、あらかじめ明確に決めておいて、「今どのあたりに子どもたちがいるか」を、保育施設にいる職員が推定できるようにします。山に登るときに、ルートや日程を記載した「登山カード」を残すのと同じです。また、GPSトラッカー(位置情報通報システム)を用いると、お散歩の位置を保育施設側でリアルタイムに把握することも可能です(年額5,000円程度の利用料がかかります)。

お散歩コースを考える

緊急事態が発生した場合に一時的に身を寄せることができる広場や、他の保育施設を含む頑丈な建物などの緊急退避場所を複数確認しておきましょう。この緊急退避場所は、ハザードマップに載っている指定避難場所だけでなく、あくまで緊急に逃げ込むために保育施設が決める建物です。

もし、「津波警報」や「大津波警報」が出されたら、緊急に二階以上に避難する必要があります。保育施設に戻る時間的な余裕がない場合に備えて、行政が指定している「津波避難ビル」やその他の逃げ上がれる建物を調べておきましょう。緊急退避場所として使える建物がないようなお散歩コースは、なるべく選ばないようにします。

子どもたちを落ち着かせている間に、引率職員は保育施設に連絡を取って、現在の居場所や子どもたちの安否を伝え、これからの行動に

ついて打ち合わせましょう。大きな地震が起こると、スマートフォンの通話は瞬時に輻輳（ふくそう、混雑）で通じなくなります。音声が通じなければ、メールや「LINE」を使って連絡しましょう。特に「LINE」は災害時でも通じる可能性が高いので、非常時用のグループを職員間で組んでおくと便利です。もし、それでも連絡が取れない場合は、引率職員が今後の行動を判断しますが、余裕があれば保育施設側からも救援の職員を出しましょう。

　また、困ったら遠慮せずに周囲に助けを求めることも必要です。子どもたちが落ち着きを取り戻したら、余震が起こることは覚悟して、もしもの時に逃げ込む途中の緊急退避場所の位置を意識しながら、落下物、道路の隆起や陥没、そして車にも注意しながら、あせらずに保育施設に戻りましょう。(153 ページ「お散歩中の発災」、155 ページ「外部から保育施設への連絡」を参照)

12. 通園の途中で発災したら

　地震やゲリラ豪雨は、登園や降園の途中で起こるかもしれません。子どもは保護者と一緒なので、保育施設はその安全確保に直接的には関与できませんが、どのように行動するかについての啓発はしておく必要があります。

　基本的にはお散歩中の発災と同じで、まず身を守ることに集中し、安全な場所に移動して様子を見ていただきます。その後は、ご自宅に戻っていただくか、登園していただくことになります。ご自宅に戻っていただくのが基本ですが、保育施設に来るほうが近かったり、より安全と判断できたり、帰宅しても子どもだけになってしまうような場合には、登園していただきましょう。

　津波による浸水が想定される地域では、地震で身を守るとともに、

26

津波の有無とその大きさ、そして自分の地域への到達予想時刻について、スマートフォンなどを使って得られる情報から確認しなければなりません。地域によっては、行政の防災無線の野外スピーカーから情報が流されることもあります。

「津波注意報」なら、自宅へ戻ったり、保育施設を目指したりしてもよいですが、「津波警報」や「大津波警報」が出た場合には、保育施設や自宅を目指すことを優先せず、近くの「津波避難ビル」などに向かいます。通園途中で逃げ込める津波の緊急避難場所がどこにあるかを事前に調べて、一度は実際に行ってみる体験をしておいていただくよう指導しましょう。「津波注意報」は、「津波警報」や「大津波警報」に変わる可能性があるので、しばらくの間は情報に注意し続けなければなりません。

もし、保護者が保育施設に来た場合、津波に限らず、その地域に大雨や土砂災害の「警報」が発令されている間は、園舎内に留まっていただきましょう。「警報」は、その地域に命にかかわる危険が迫っているために身の安全を確保することを指示する公的な宣言なので、屋外に出るべきではないからです。外に出てよいのは、「警報」が「注意報」に切り替わってからです。「警報」は多くの場合、比較的短時間で解除されますので、気象庁や行政からの情報に注意しながら焦らずに待ちましょう。

通園に送迎バスを使っている保育施設もあります。保育施設を出発する前に大きな地震が起ったり津波の「警報」が出たりした場合には、出発を見合わせて様子を見ます。特に「警報」の場

通園途中での警報

I 災害発生！　27

合には、解除されるまでバスを出してはいけません。

　送迎の途中で大きな地震が起きた場合は、事故を防ぐために、まずはバスを路肩に停止させて揺れが落ち着くのを待ちます。その場合、できれば落ちてきたり倒れてきたりする物が少ないと判断できる場所に停止させましょう。揺れが収まったら、その場でただちに送迎を中止し、保育施設に戻る動きを開始します。添乗している職員は、保育施設に連絡を入れて状況を伝えましょう。非常時に保育施設に戻るルートはあらかじめ決めておきますが、道路事情はその時になってみないとわからないので、う回路も考えておきます。それでも、通行できなくなった場合に備えて、送迎経路上の1kmにつき一か所程度、二階以上に逃げ込める建物を決めておきましょう。特に津波浸水が想定されているエリアでは必須です。送迎バスは大きいので、交通を妨げずに駐車できるかも確認しておく必要があります。あらかじめ運転手さんと打ち合わせて、「送迎時緊急避難マップ」などを作って明確にしておきましょう。

　すぐに帰園できない場合に備えて、2リットルの水ペットボトル2本、緊急保温シート4枚、携帯トイレ（車内用として市販されている製品）4個、タオル4枚、お菓子2袋を、引率する職員がリュックなどに入れて携行物品として持ち込みましょう。また、小銭を携行し、逃げ込んだ場所の近傍に飲料の自動販売機があって稼働していれば、早期に適当な飲料を購入しましょう。

13. 遠足中に発災したら

　遠足は、保育施設の職員も子どもたちも馴染みのない場所に行きますので、そこで発災するとピンチです。季節の変わり目の集中豪雨や台風接近の予報が出ているならば、残念ながら遠足そのものを中止や延期にしましょう。突然のゲリラ豪雨の場合は、後述するように、雨宿り

してやり過ごせば大丈夫ですが、問題は地震です。

　現地で大きな地震が起きた場合、まず身を守り、安否確認やケガの手当てをします。もちろん、子どもたちの名簿と応急手当用品を携行することは当然です。これは在園中の発災と同じ対応です。ただ、園庭と違って内部と外部を仕切るフェンスが無いので、自由時間には子どもたちの行動範囲が広がりがちです。引率職員は、子どもたちが把握できる範囲外に出ないように注意しましょう。

　遠足中は、園舎のように身を寄せる建物があまりありません。とりあえず、近くの頑丈そうな建物や乗ってきたバスに避難しましょう。遠足には、もしもの場合に備えて、少なくとも1泊できる食べ物、水、保温用品、簡易トイレ、モバイル・バッテリーなどを持参します。近くにお店などが開いていれば、急いで必要物品を購入しましょう。これらの物品は、貸し切りバスを利用するならバス内に置いておけばよいですが、公共交通機関を利用する場合は、子どもたちと引率職員のリュックなどに分配して携行します。

　保育施設あるいは指定避難場所が現地の周囲のどこにあるか（2km以内）、事前に調べておいて、すぐに帰れない場合には一時避難させていただきましょう。公共交通機関利用の場合も、途中の保育施設の位置をいくつか調べておきましょう。貸し切りバスの場合は、まずバス内避難をして、寒さ暑さなどでつらくなりそうなら、近くの保育施設に一時避難を求めましょう。位置はスマートフォンで調べます。もしスマートフォンが使えなければ、地元の人に聞きましょう。（154ページ「遠足で地震発生」を参照）

14. お散歩中に天気が急変したら（応用）

　雨の日にはお散歩に出ないので、対応が必要なのは予期せぬ天候

I 災害発生！　29

の急変による豪雨(ゲリラ豪雨)だけです。雷を伴うこともあります。ただ、ゲリラ豪雨が起こる気象条件は限られますし、天気予報でも事前に「大雨注意報」「雷注意報」が出されますので、お散歩に出る前に、その地域の最新の気象情報を入手して判断することが必要です。「注意報」、特に「雷注意報」が出ているときには天気が変わりやすいので、お散歩に出てはいけません。

　それでもお散歩の途中で局所的に天気が急変することはあり得ますので、常に空の様子には気を付けていましょう。急に風が強くなったり、黒雲が見えたり、雷鳴が聞こえたりしたら、ゲリラ豪雨が目前に迫っています。即座に(できれば5分以内)近くの建物内に避難しましょう。軒先は落雷の危険があるので、できるだけ建物の奥に入ります。それでも雨に濡れてしまうことがあるので、引率職員は、全員を覆うことができるような薄くて軽いビニールシートと、濡れた子どもを拭くタオルを何枚か持参するとよいでしょう。

散歩中のゲリラ豪雨

　天気予報から予想できないゲリラ豪雨は、一時的に激しく降っても、ほとんどが30分〜1時間以内に上がります。焦らずに雨が止むのを待ちましょう。雲の動きを観察して、黒雲が過ぎ去ったことを確認したら保育施設に戻りましょう。

II 上手に避難するには？
急性期(混乱期)の対応

1. 火災をチェックし、監視しよう

　子どもたちの安否確認とケガの手当てが終わったら、ただちに火災の有無を確認します。大地震では、建物破損と並んで怖いのが火災だからです。揺れでストーブや調理器具などの熱源が転倒・破損したり、電気がショートして火花が散ったりして火災が発生することがあります。火災は建物などの破損と違って、放っておくとどんどん拡大して職員では対応できなくなってしまうので、初期段階で手を打つ必要があります。

　ただ、今では保育施設そのものから火が出ることはほとんどありません。園舎そのものが火災になりにくいように作られていますし、消防法に適合した暖房器具は振動を感知すると自動消火します。調理室の熱源も電気調理器が多くなりつつあります。都市ガスやプロパンガスを使っていても、どちらも震動を感知してガスの供給を遮断する装置がついていますので、揺れた途端に強制的に火が消えてしまいます。電線の断線やコンセントにホコリなどが入って電気がショートして起こる電気火災（トラッキング火災）も、災害時に特別なものではなく、発生する可能性は低いです。火災が起こるとすれば、熱源がまだ熱いうちに燃えやすいものが触れた場合と、使っていた比較的古い熱源が、地震による停電で一旦止まったけれども、たまたま燃えやすいものに触れていて、電気が復旧したときに動き出してしまって燃える通電火災の場合です。

　火災の確認では、リーダーが指名した職員が、あらかじめ決めておいた箇所を調べます。

「○○さん、火災の確認をお願いします」
「○○です、了解しました。火災の確認を行います」

　確認すべき個所は、事前に「火災防止チェックリスト」としてまとめておくとよいでしょう。(161 ページ「火災防止チェックリスト」を参照)

・ストーブなどの熱源から火が出ていないか

・熱源が転倒や破損していないか

・調理室から火は出ていないか

・熱源になる電化製品のスイッチはオフになっているか

・コンセントと接続している電気コードに破損はないか

・煙が出ていないか、異臭がしないか

　以上を確認します。熱源である暖房器具だけは、スイッチが確実にオフになっていることを確認するとともに、念のためにコンセントも抜きましょう。自動停止はしていても、電源がオフになっていなかったらオフにします。万が一の通電火災を防ぐためです。照明や警報機器、情報通信機器を除いて、園舎内の電気器具はいったん電源をオフにして、子どもたちが園舎内待機になるときに、あらためて必要なものを入れ直しましょう。ただし、施設全体のブレーカーを落とす必要はありません。火災につながる電気器具は限られるからです。

　調理室などの密閉された部屋に入るときは、まずガラス越しに煙や炎が見えないか、次にドアやガラスに触れてみて熱くなっていないかを確認します。

・職員が部屋に残っていないか

・炎が出ていないか、何かが発熱していないか

・煙や異臭を感じないか

・調理器具のスイッチがオフになっているか、ガスの元栓は止まっているか

　以上について確認します。確認が終わったらリーダーに報告しましょう。

　保育施設そのものから火が出る可能性は低いですが、地震で発生した周囲の火災が園舎に延焼してくる恐れは十分にあります。ですから、大きな地震が起こってから少なくとも12時間は、担当する職員を決めて、

Ⅱ　上手に避難するには？　　33

● 火災の監視
東西南北を均等に監視し、
緊急時に一時的に身を寄せる
避難目標と経路を
東西南北に決めておこう

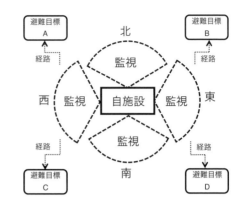

　園舎の周囲、しかも東西南北4方向の火災の警戒を続けなければなりません。15分に一度は目（炎や煙は見えないか）、耳（消防車のサイレンは聞こえないか）、鼻（異臭はしないか）を使って周囲を観察しましょう。同時に風向きと風の強さも調べます。火災が園舎に延焼してくる可能性があるかを判断するためです。そして異常を発見したら、その状況と方角、園舎からのおおよその距離を管理者に伝えます。
「東の方向、園から1km付近に火災と思われる煙が見えます。風は南風です」
　園舎から見える目立つ建物（ランドマーク）までの方角とおおよその距離を事前に調べて、自分の物差しにしておきましょう。火災が園舎から200m以内の場合には、園外への避難移動を開始します。それより遠い火災の場合には、すぐには移動せずに監視を続けましょう。火災現場が園舎から遠くても、火の粉が飛来して発火することがあるので注意が必要です。こちらに延焼してくる可能性を少しでも感じたら、園外避難の行動を開始しましょう。
　火災で園外に避難した場合に一時的にどこに身を寄せるかを、普段から決めておきましょう。その時に雨の場合もあり得るので、屋根がある場所がよいです。園舎から遠い必要はありませんが、火災は園舎から

どの方角に起こるかわからないので、身を寄せる場所も園舎の周囲に複数決めて、それらへのルートもお散歩などを使って確認しておきましょう。

2. 緊急園舎外避難の手順

　園舎内を火災確認にまわった職員はもちろん、すべての職員は、もし、炎、煙、異臭などの火災の兆候を発見したら、園内に向けて大声で叫びます。笛などで、あらかじめ決めておいた合図を吹き鳴らしてもよいでしょう。火元の場所をはっきりと伝えることが重要です。
「火災！○○の部屋！」、これを連呼します。次に、園内全体に向かって、「避難！」を連呼します。
　この声を聞いたリーダーは、即座に初期消火の指示を出します。
「火災です！　フリーの職員は初期消火をお願いします！」
　もちろん、リーダーの指示がなくても、「火災！」の声を聞いたフリーの職員は消火器を持って現場に駆け付けて消火を試みます。ただし、職員は子どもたちだけを部屋に残してはいけません。(151ページ「初期消火」を参照)

　消火器の設置場所は、事前に全職員が知っておきましょう。それと同時に、(通じれば)消防署(119番)に電話して、「保育施設名」、「火災の初期消火中であること」、「園児はすでに避難移動を開始している」ことを伝えましょう。そして、電話をつないだまま初期消火の成否を待って、結果

大声で叫ぶ、笛で知らせる

II 上手に避難するには？　35

を伝えて指示を受けましょう。

　子どもを担当している職員は、ただちに「緊急園舎外避難の手順」を開始します。その時点では、どの程度の火災か、消火がうまくいくかどうかなどはわかりません。しかし、子どもの移動には時間がかかるので、万が一を考えて避難行動を開始してしまいます。ただ、園舎内で火災が起こっても、すぐに大きく燃え広がることはありません。一分一秒を争う事態ではないので、慌てず落ち着いて行動しましょう。万が一、炎が上がるような火災が発生した場合には、年齢に関係なく、火元に近い部屋から園舎外避難を開始します。

　まず、あらためて子どもたちを集め、当日登園している子どもが全員いるかを再確認します。出る順番は、迅速な移動ができて支援する職員の数も少なくて済む年長児のクラスからです。避難を終えて園庭に集合した子どもたちの監視は、最小限の職員と年長児に任せます。それによって年少児の避難移動を支援する職員数を増やします。結果として、乳児の避難移動にかかわる職員数が最も多くなります。乳児の避難が最後になりますが、その程度の時間差が致命的になることはありません。むしろ、乳児やより年少児を先にすると、最初に多くの職員が一か所に集中して、他の子どもたちの支援が手薄になったり、移動が停滞して混乱したりする恐れがあります。

　「外に出る」ことを子どもたちに伝え、より年長のクラスから職員が「○○クラス、出ます!」と叫んで、先頭に立って子どもたちを外に連れ出します。できれば最後尾にも職員を配置して、子どもたちがばらばらにならないように注意しましょう。

　園舎からの出口は、火元からできるだけ離れた場所がよいですが、一階の場合には通常の出入り口にとらわれず、短時間で外に出られることを優先します。職員同士で「こちらへ」と誘導し合ってもよいでしょう。

二階以上にいるクラスは階下へ降りなければなりませんので、火元からできるだけ離れた階段やスロープを使います。階段やスロープでは、子どもの転落を防ぐために職員が途中で介助しましょう。

　煙や炎が見えなければ、子どもたちに靴を履かせてもかまいません。ただ、職員は常に炎や煙が目に見えてこないかを監視して、少しでもそれらが見えたら、直ちに靴は断念して園舎から脱出させましょう。

　乳児の場合は、職員が一度に全員を安全に「だっこ」できるなら、そのようにして脱出させます。乳児の数が多い場合、保育室が一階にあるなら、窓やドアの内と外に職員を配置して、受け渡し方式で乳児を外に出すと効率的です。受け取った乳児は、一時的に毛布などを敷いて並べて寝かせます。保育室が二階の場合は、「職員が数人のバケツリレー方式で階下に運びます。その日に乳児を担当している職員が応援を呼びましょう。「赤ちゃんを出します。手伝ってください！」。少し荒っぽいやり方ですが、自分では歩けないすべての乳児を短時間でとりあえず園舎から出さなければならないからです。すべての乳児を脱出させたら、さらに園舎から離れた場所に移動させましょう。

　リーダーは、避難列の最後尾から追い上げて、子どもたちと職員の逃げ遅れがないことを確認しましょう。

　火災による避難では、燃える場である園舎からとりあえず脱出することが重要です。続いて、煙や熱気が来ないように、風向きから90度あるいは180度離れた方向（火元の裏側）の園外にさらに移動して、一時的に身を寄せる場所に向かいます。火災の場合に一時的に身を寄せる場所は、事前に複数決めておいて、リーダーが向かうべき場所を指示します。一時的に身を寄せる場所に到着したら、子どもたちをクラスごとに集めて落ち着かせ、再度、子どもが全員いるかを確認してリーダーに報告します。

火災単独の場合や、小規模の災害での火災の場合は、そこでの子どもの引き渡しになりますので、保護者にも場所を知らせましょう。もちろん保護者には、事前に一時的に身を寄せる可能性のある場所がどこかを伝えておきます。

一方、大きな災害での火災の場合には、すぐに保護者への子どもの引き渡しができません。避難に必要な物品の運び出しもできません。ですから、一時的に身を寄せる場所といえども、近くの他の保育施設にもしもの場合の協力をお願いしておくと助かります。

3. 初期消火が重要

基本的に、保育施設で火災が発生して燃え広がる可能性は非常に小さいです。火元になりそうな箇所は限られますし、それらのほとんども火災が起きないように制御されているからです。しかし、もしもの場合があり得ますし、外部からの火の粉の飛来による延焼の可能性もありますので、対応できるようしておきましょう。

火災の初期ならば、職員の力で消火が可能です。ただ、危険を伴いますので、正しい手順を学んで実際に訓練しておきましょう。(120ページ「初期消火法」を参照)

4. 園舎の被害を調べよう

火災確認が終わったら、手分けして園舎の内部と外部の被害を調べましょう。子どもたちと違って、職員は安全が確認されていない場所を歩くので、必ずヘルメットをかぶります。また、踏んでしまうとケガをするものが散乱している可能性が高いので、園舎内の移動でも運動靴をはきましょう。

内部では、子どもが動き回ったときにケガにつながる被害がどこにあ

るか、それはどのような状態かを調べます。
- ・破損で散乱したガラス類
- ・壊れて鋭利になったもの
- ・ぶつかるとケガをするもの
- ・口に入れると危険なもの
- ・通行の妨げになるもの
- ・濡れてしまう水漏れ

園舎が少し傾いた

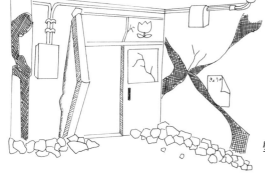

壁や柱が破損してしまった

　園舎内にこのまま避難を続けられるかを判断するために、柱や壁に大きな損傷（亀裂、曲がり、鉄筋の露出など）や園舎の明らかな傾きがないかも調べます。もしそれらが見つかったら、直ちにリーダーを呼んで、園外への避難の検討を始めましょう。

　また、園庭への避難移動を見越して、子どもたちが通るルートの安全を確保します。邪魔なものはできるだけ取り除き、子どもたちが踏んでしまうと危険なガラスの破片などがある場合は、「ほうき」で踏まない場所に掃き集めましょう。落ちそうになっているものも取り除きます。

　外部では、園舎を一周して、
- ・建物が見てわかるほど傾いていないか

Ⅱ 上手に避難するには？　39

・大きな亀裂や鉄筋の露出などの損傷はないか

・落ちそうになっているものはないか

・園庭に地割れや陥没、液状化はないか

などを調べます。落下物の危険があるので、常に上方に注意し、園舎との距離を十分に保ちましょう。

いずれの結果もリーダーに報告し、リーダーはそれらを記録に残します。報告の受け渡しでは、必ず復唱しましょう。例えば、

「年長さんの部屋の表側の右のガラスが割れて飛散しています」

「年長さんの部屋、表の右のガラス破損、了解です」

といった具合です。内部と同じように、園舎が明らかに傾いていたり、柱に大きな損傷があったりした場合は、園舎外に避難移動しなければなりませんが、そのような大きな被害がなければ、園舎を避難場所として使い続けることができます。

5. 園庭への避難移動

保育施設の建物が地震で倒壊する可能性は非常に低いので、火災以外は園舎内避難を続けても大丈夫です。もちろん、園舎内で柱などに大きな損傷が見つかった場合には、すぐに倒壊することはまずありませんが、園舎外に避難移動しなければなりません。また、園舎に問題がなくても、最初の大きな地震後にはいくつもの余震が起こり、そのたびに園舎内の物がガタガタと大きな音を立てて子どもたちが怖がります。いったん、全員を園庭に出して、落ち着きを取り戻させてもよいでしょう。

最終的には園舎内で避難するにしても、子どもたちの居場所をお掃除する必要があるので、いったん外に出ていてもらうとやりやすいです。園庭に避難移動するか否かは、リーダーが状況から判断して指示を出します。「園庭に避難します。準備をしてください。準備ができたクラスから

移動を開始してください（繰り返し）」。

　リーダーは代理のリーダー（サブリーダー）を指名して本部に残し、救急箱と名簿、スマートフォンを持って、ただちに園舎から出ます。そして、園庭に亀裂や変形、危険な落下物などがないかを確認し、最終的に集合させる安全な場所を決めて、そこに立ちます。園全体を見渡しながら監視を続けます。持ち出し物品は、普段から緊急時に持ち出しやすいようにしておきましょう。監視していて、もしも何らかの異変に気づいたら、笛を大きく鳴らして全体の動きをいったん止めます。もちろん、その合図（とまれ！　待て！）も決めておきます。サブリーダーは本部で園舎内を統括します。

　各クラスでは子どもたちを集合させ、園庭に出ることを告げます。そして全員がそろっていることを確認します。部屋を離れている子どもがいれば連れ戻します。

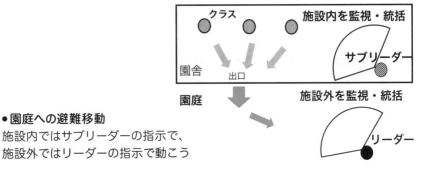

●園庭への避難移動
施設内ではサブリーダーの指示で、
施設外ではリーダーの指示で動こう

　外の気温が少しでも涼しいと感じるようなら、ジャンパーなどの上着を着せましょう。普段から使っているならば、帽子はかぶらせてもよいですが、必ずしもヘルメットや「防災頭巾」を子どもたちにかぶらせる必要はありません。落下物の危険度は、突然に起こる最初の揺れの時が最大で、その後は小さくなるからです。もし、かぶらせるなら、普段から慣れさせておきましょう。なお、「防災頭巾」は、頭を守る以外にも、雨や風を防げますし、座布団にもなるので便利です。

二人ずつ手をつないで整列させます。準備ができたら、「〇〇クラス、移動を開始します」と大声でサブリーダーに知らせましょう。サブリーダーは、どのクラスが移動を開始したのか、していないのかを確実に把握し、不測の事態への指示を出します。職員が先頭に立って誘導し、クラスごとにまとまって歩きます。できれば、クラスの最後尾にも職員を配置して、ひとりも子どもがはぐれないように注意します。走る必要はありません。意識してゆっくりした速度でちょうどよいです。1分1秒を争うわけではないので、出口まで来たら落ち着いて靴を履かせましょう。

靴を履いたら、すぐに外に駆け出さずに、クラスごとにまとまって少し待ちます。先導する職員は、出口から出て園舎から十分に離れ、出口の上から落下物がないことを確認してから、「おいで！」と呼びかけます。子どもたちは速やかに出口から出て、先導する職員の周りに集合します。クラスの全員が集まったら、さらにリーダーが指示する場所に移動して整列させます。サブリーダーは、残っているクラスがないことを確認して最後に園舎を出ましょう。（152ページ「園庭への移動」を参照）

6. 園外への避難移動

もし、園舎に大きな損傷や傾きが見つかった場合には、園舎内にいることが危険になるので、園外の施設に避難移動しなければなりません。その判断はリーダーに委ねられます。決断したら、避難する場所を決めて宣言します。

「〇〇（外部）に避難移動します。準備してください」。

そして、その時に余裕があれば、保護者に外部避難場所に移動することと、その場所、子どもたちは全員無事で元気であることを連絡しましょう。また、行政の担当部署や保育施設の運営担当者に状況を伝えましょう。

(ア) 園外避難の準備をしよう

　園庭に出たそのままでは、園外への避難はできません。園舎以外の建物に子どもたちを移すとなると、たとえそれが短時間であってもそこでの生活になりますので、大人のようにはいきません。乳幼児に必要な

準備するもの

物品があるからです。2泊分程度を持参します。もし3泊目が必要になりそうなら、公的な支援が得られるにしても限りがあるので、保育施設に取りに戻るか、他の園から融通してもらいましょう。職員は、ケガを防ぐとともに動きやすくするために、必ず運動靴を履きます。

　保育施設から外部避難場所への持ち出し物品は、職員が運ぶ全体用のものと、子どもが運ぶ個人用のものとに分かれます。職員が必要物品すべてを運ぶのは不可能だからです。2歳半くらいになると1kg程度の荷物は背負って運べますので、子どもたちにも手伝ってもらいましょう。（163ページ「園外避難持ち出し物品チェックリスト」を参照）

● 暑さ・寒さ対策用品

　防寒用品は冬場の避難の土台です。子どもたちをどれだけ上手に保温できるかで、避難生活の大変さが異なります。主に就寝時に使うために、大きめの毛布やタオルケットがあると助かります。また、床は冷たいので、マット、毛布、座布団、クッションシートなど、断熱性のあるものを敷く必要があります。特に乳児用には、クッション性や保温性の高い寝具を持ち込む必要があります。どのような寝具を使うか、事前に外部避難場所の環境を調べて十分に検討しておきましょう。ただ、これらはかさばるので、子どもたちを移動させた後に別に運んでもよいです。運ぶときに雨の場合には、シートなどで覆って濡れを防ぎましょう。使い切りカイロも、ひとり1日2個として十分量持参します。

　暑さ対策用には、大きめの「うちわ」と、からだを拭くための市販の「紙ボディシート」が効果を上げます。

　寒さと暑さ対策の個人用物品は「もしもし巾着」に収納しておいて、できるだけ子どもに背負ってもらいましょう。事前に試してみて、背負えない子どもの分は職員が運ぶことになります。（50ページ「もしもし巾着」を参照）

●雨具

　園外に避難しなければならなくなったとき、幸運にも晴れや曇りなら
よいですが、雨もあり得ます。1年の4分の1くらいの日数は雨だからです。
雨の場合には、できるだけ園内舎避難を優先させますが、もしも園舎の
損傷が大きい場合には、園舎を離れなくてはなりません。子どもたちは、
雨に濡れてしまうとただちに低体温症になる可能性が高まってしまいま
す。着替えはかさばるので、外部避難場所までたくさんは持っていけな
いので、雨具を用意しましょう。傘は幼児には扱いにくく、風雨に煽ら
れると効果がなくなるので、フード付きのポンチョ型の雨合羽がよいで
しょう。高価なものは必要なく、使い切りに近いもので十分です。着たま
まだと裾がバタつくので、紐やゴムなどを腰に巻いて固定します。顔や
膝下はぬれてしまいますので、外部避難場所に到着後によく拭いてあ
げましょう。とにかく、上着の主な部分を濡らさないことが肝心です。も
ちろん、乳児も雨に濡れないように、ビニールなどで覆いましょう（窒息
に注意）。

●トイレ用品とおむつ

　トイレ用品は、できるだけ快適に避難生活を送るためのカギです。
外部避難場所では、トイレが少なかったり使えなかったりする場合が
多いので、簡易トイレ（簡易便座やおまる）を持ち込みます。排泄物を溜
める専用ビニール袋と排泄物を固める凝固剤、そしてトイレットペーパーも
3日分程度の必要量を必ず持参しましょう。消臭スプレーも1本必要です。
　おむつも3日分を持参します。ひとりが1日8枚程度使うので、おむつ
を使う子どもの人数が多いとかなりかさばります。子どもたちの移動後
に、トイレットペーパーとともに運んでもよいでしょう。（102ページ「トイレ
用品」を参照）

Ⅱ 上手に避難するには？　　45

● 食べ物と容器

避難場所での子どもたちの食事は、お菓子類で十分です。手を汚さずにみんなで分け合って食べることができるスナック類で、甘いものと甘くないものを準備します。調理や加熱が必要なものや、手や衣服を汚すものは不適当です。また、アレルギーなどのある子どもには、対策済みのお菓子が必要です。その時初めてのお菓子はリスクがあるので、保育施設で普段から食べ慣れているものを持ち込みましょう。

使い切り小型紙カップや深めの紙皿に配分し、使い切りのプラスチック製あるいは紙製のスプーンを使ってもよいですが、手づかみでも大丈夫です。容器は毎回廃棄します。食事の前には、擦式の手指消毒を忘れずに実施しましょう。(106ページ「食べ物」を参照)

● 乳児用ミルク

粉ミルクや、最近使われるようになってきたキューブミルクを使うなら、お湯を沸かすための簡易調理器具が必要です。これらのミルク製品は、子どもに合わせて普段から使っている製品を持ち込みます。また、哺乳瓶や乳首の消毒剤や洗浄するための水と容器も必要ですが、外部避難場所でそれは困難なので、使い切り哺乳瓶や乳首を使いましょう。ミルクの調製が困難な場合は、液体ミルクが便利です。冬場はミルクが冷たいので、簡易調理器具や使い切りカイロを使って温める必要があります。(103ページ「調理器具」を参照)

哺乳瓶や乳首を使わないで乳児にミルクを飲ませる「カップフィーディング」という方法もあります。液体ミルクと食事用の使い切り紙カップが使えますので、方法を習得しておくと役立ちます。(108ページ「ミルクとカップフィーディング」を参照)

●飲み水

　3歳児の1日の水分摂取量は1.2リットルくらいです。赤ちゃんでも1日に1リットル程度は必要なので、子どもが100人とすると、保育施設全員では1日必要量が120リットル程度（2リットルボトルで60本分）、3日間では180本にもなってしまいます。ですから、必要な水のすべてを職員が一度に運搬するのは不可能です。水は指定避難場所に備蓄されている場合が多いので、確実に入手可能な量について事前に行政に確認しておきましょう。もし足らなければ、子どもたちの移動とは別に、自分の保育施設や協力が得られる周囲の保育施設から運びましょう。

　とりあえず、子どもひとりにつき500mlペットボトル1本分程度の水を持ち込みましょう。(107ページ「飲み物」を参照)

●救急用品

　医療物品は一般の避難場所にありませんので、持参する必要があります。ただ、避難場所で大きなケガを負う可能性は小さいので、必要なのは小さなケガ用の絆創膏類（バンドエイドなど）、清浄綿、三角巾（風呂敷でも可。いろいろな用途に使えます）、とげ抜きくらいです。傷口は水で洗えば十分なので、特に消毒薬は必要ありません。感染症が心配される季節や社会状況なら、マスクも持参します。職員はできるだけマスクを着けますが、子どもたちはできる範囲でよいでしょう。(116ページ「救急用品」を参照)

●運搬用品

　どんなに小規模な移動でも手持ちでは無理なので、物品を運べるキャリーカーに必要物品を積み込んで運びます。キャリアは、物品をたくさん積めて移動させることが楽なキャンプで使うようなタイプをいくつか

Ⅱ 上手に避難するには？　47

準備しておくと役立ちます。道路の液状化などが起こった場合に備えて、車輪が太めの製品が使いやすいです。普段は折りたたんでおいて、お散歩や遠足など、園外で物品を移動させるときにも使えます。

　乳児を外部避難所にどのように運ぶかも、十分に考えておく必要があります。すでに保有している保育施設も多いですが、「だっこひも」や「乳母車」なども、子どもの数に合わせて準備しておきましょう。これらの運搬用品は、災害時だけでなく、普段も使える物を選んで使い慣れておくと無駄になりません。

　車を使うことはほとんどありませんが、もしもの場合に備えて、職員の車のガソリンやバッテリー充電の残量は、半分を切らないように常に管理しましょう。(112ページ「運搬用品」を参照)

　外部避難場所に移動する場合、子どもたちの移動と同時にすべての物品を運ぼうとがんばる必要はありません。それほど長い距離ではないでしょうから、状況を見ながら、あとで少しずつ運びましょう。津波浸水でなかなか水が引かないことが予想される場所では、物品の運搬に、空気でふくらますゴムボートがひとつあると便利です。丈夫な製品を選び、普段は子どもの水遊びなどに使うと保存劣化を防げます。

● 情報通信機器

　スマートフォンなどの情報通信機器を忘れることはありませんが、それらの予備のバッテリーも必須です。移動先には電源がない、あるいは電気が停まっている可能性が高いからです。予備バッテリーは突然必要になるので、普段から充電の管理を習慣としておいて、災害避難で持ち出すときには満充電に近い状態になっているようにしましょう。スマートフォンを2回くらい満充電できる容量のモバイル・バッテリーを選びます。スマートフォンとバッテリーとの接続ケーブルも忘れないよう

にしましょう（接続端子の形状に注意）。（105ページ「予備バッテリーと
ソーラーパネル」、114ページ「情報システム」を参照）

● 照明機器

　停電していると避難場所の夜は真っ暗になりますので、電池式の照
明機器が必要です。暗いと子どもたちが怖がりますし、安全のために
も最低限の照明は必須です。子どもたちのエリア全体を照らすランタ
ン型の照明と、職員個人が持つ狭い範囲を照らす小型懐中電灯です。
（112ページ「照明機器」を参照）

● おもちゃ

　外部避難では、おもちゃも必須です。子どもたちの心を守るためです。
大きなものや多くは持っていけませんが、積み木、パズル、折り紙、絵本、
お絵かき道具など、コンパクトにまとめることができて、年齢に応じて静
かに遊べるものを選びましょう。（116ページ「おもちゃ」を参照）

● 嗜好品など

　職員には、飴やガム、アロマ製品などの嗜好品も必要です。避難場所
では緊張が続くので、職員も心のケアが重要だからです。避難場所で
は交代で休息や睡眠を取りますが、耳栓があると快適です。必要なとき
は他の職員が肩を叩いてくれますので、聴こえなくても心配いりません。
薬の服用が必要ならば、3日分程度を忘れずに持参します。好きな本
や漫画なども1、2冊持参しましょう。

● 名簿

　園外への避難では、子どもたちの確認や保護者との連絡に必要な

II 上手に避難するには？　　49

名簿・リストを持ち出さねばなりません。記録用のノートと筆記用具も必要です。現在はICT（情報通信技術）化が進み、名簿や保育記録、保護者とのやり取りのかなりの部分、あるいはすべてをICT機器で行い、紙を用いていない保育施設も増えています。ただ、災害時には電気やインターネットシステムが停止してしまう可能性が高く、そうするとICT機器で管理している情報が使えなくなります。子どもたちの安全維持に支障が出ますので、名簿や毎日の出欠簿など最低限の情報は、紙にも出力することを習慣にしておくと非常時に助かります。これらは重要な個人情報なので、事前に「緊急持ち出し用名簿・リスト」として必要最低限な情報だけを整理して準備し、リーダーが厳重に管理するようにしましょう。

●もしもし巾着

職員だけで子どもたちに必要な物品のすべてを持っていくのは不可能です。2歳半くらいになると、遠足のようにある程度の荷物を背負って歩けます。普段から園外避難に必要な個人用の物品をまとめて、小さなリュックや巾着に入れておくとよいでしょう。（117ページ「もしもし巾着」、162ページ「もしもし巾着チェックリスト」を参照）

●その他

緊急事態用に、笛か防犯ブザーは各自が必ず携行しましょう。軍手（物品運搬や保温）、布製ガムテープ（シートなど様々なものの固定に使うので、多めに）、ゴミ袋（45リットルと少量タイプ）、多目的ロープ（太さ10mm、長さ20m程度、2本）、マスク（職員ひとりに3枚ずつ、子ども用は適量）、タオル（38×80cm程度の一般的なもの、多めに）。

園外避難になったときに必要となる物品は、普段からリストとしてま

とめておくともに、取り出しやすいように準備しておきましょう。ただ、何でもかんでも持っていく必要はありません。不足すれば園舎に取りに戻ればよいですし、他の保育施設と融通しあうことも可能でしょう。普段からそのような助け合いのネットワークの関係を作っておくと有利です。
（163ページ「園外避難持ち出し物品チェックリスト」を参照）

（イ）避難場所を選ぼう

　園外の避難場所としてすぐに思い浮かべるのは、行政のハザードマップに記載されている「指定避難場所」です。行政が指定するので、高い安全度の施設です。ただ、気を付けるべきことがあります。「指定避難場所」は確かに安全な場所ですが、「誰もがそこに到達できることを保証しているわけではない」いうことです。また、「そこに行かなければ助からない」という意味ではないということです。もちろん、「そこに避難しなければならない」とか、「避難するなら、そこを優先しなけれ

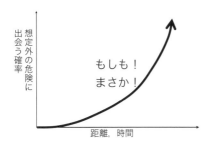

● **避難移動距離とリスクの関係**
避難場所まで遠ければ遠いほど、危険に出会う確率が急激に大きくなる

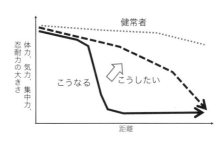

● **移動距離と子どもの力の変化**
子どもの体力、気力、精神力、集中力は突然に低下する。できるだけ短時間・短距離で避難移動を完了させる必要がある

ばならない」という意味でもありません。正しくは、「指定避難場所は、高い安全度の施設なので、あなたの避難候補のひとつとして上手に使ってください」という意味です。

また、公的な避難場所には、見ず知らずの大人も大勢やってきます。もしかすると大混雑かもしれません。そういった混乱と喧騒の中に子どもたちを避難させて長い時間留め置くのは、かなりきびしいです。現実的には、はじめての環境による不安から、多くの子どもたちが大声で泣くでしょうから、子どもも大人もかなりつらいことになるのを覚悟しなければなりません。

ですから、保育施設にとっての外部避難場所は、必ずしも指定避難場所である必要はありません。どこに行くかを決めるのは保育施設です。できれば、協力を得られる他の保育施設が理想的です。設備が乳幼児向けで、しかも職員も子どもの扱いに慣れていますので、余計な気遣いの必要が少なくて済むからです。

距離や時間が長くなればなるほど、子どもたちの体力や気力は低下していきます。予期せぬ危険に出会う確率も上がります。子どもたちは大人のように無理が効かないので、なるべく近い場所に避難場所を求めましょう。

また、地震では地面の液状化が起こることがあります。水を含んだ地盤では、普段は土の粒子と粒子がしっかりと密着して、その間に水がある状態で安定していますが、地震で揺れると土の粒子同士が離れて水と混じってしまい、ドロドロの状態になってしまうのです。川の流れによる堆積物でできたような沖積平野(濃尾平野や関東平野など)や埋立地では特に起こりやすいとされ、各自治体もその可能性がある地域を示したマップを公開しています。液状化は徐々に進行します。それで溺れてしまうことはありませんが、避難移動の途中で起こってしまうと、子どもたちの力では歩くことができなくなってしまうので注意が必要です。

52

保育施設の外部避難場所の条件は、

・災害に対して強いこと(頑丈さ、高さ)

・保育施設から無理なく到達できること

・たくさんの子どもたちが滞在できること(予想収容人数と環境)

・トイレの心配が少ないこと

・途中に逃げ込める場所があること(緊急退避場所)

・途中の道が高度に液状化しないこと

などです。

　移動経路も事前に決めておきます。もしも通れなかった場合のう回路も考えておきます。また、保育施設から一気に到達できない距離に外部避難場所を定めた場合には、不測の事態に備えて途中で逃げ込める建物（緊急避難場所）があることも重要です。そのようなバックアップがない避難は、避難ではなく突撃になってしまうからです。

　外部避難場所を決めたら、実際に決めた経路を歩いてみましょう。途中の危険個所の場所と種類、その回避方法も検討しておきましょう。子どもたちが入る予定の場所の環境もチェックしておきましょう。

　外部避難場所は、実際に子どもたちの避難先として利用するだけではありません。園舎内で避難を続ける場合でも、少し落ち着いてから、可能であれば行政が指定する近くの避難場所に出向いて、保育施設の状況をそこの管理者に伝えるとともに、情報や支援物資を受け取る場として活用しましょう。

(ウ) 実際の園外避難移動

　園外に避難移動する場合には、不法侵入や窃盗被害を防ぐために、できる限り窓やドアにカギをかけましょう。カーテンも閉めます。もし時間的な余裕がない場合でも、表玄関には鍵をかけましょう。

● **外部避難移動の考え方**
施設外避難では、途中に逃げ込める緊急避難場所が必要。
避難移動は常に後ろを意識しながら進む

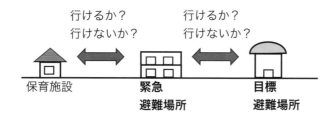

　園外への避難移動の原則は徒歩です。もちろん、カート類は使いますが、車での移動はやめた方が無難です。

　災害時には、たくさんの人が車で逃げようとします。しかし、普段は使わない不慣れな経路で動こうとしますし、停電で信号も消えています。道路の損傷や障害物の出現で、この先が通れるかどうかもわかりません。目的地に到着できても、そこに駐車できる可能性は低いです。

　一か所でも通過障害が起こると、そこを先頭に車の渋滞が延びていき、脇道からの車の動きも止めてしまいますので、エリア全体がにっちもさっちもいかない状態（グリッドロック）になってしまいます。こうなると、避難のためには車を放置するしかなくなり、さらにロックが拡大して固定します。もし車両火災が発生すると、大規模に拡大します。都市部だけでなく、使える道が限られる地方都市でも起こり得ます。ですから、津波で「イチか

園外へ避難

バチかの緊急退避」が必要になる特殊な場所に立地する保育施設を除いて、車での避難はやめましょう。

外部避難場所への移動では、先導の職員に続いて、最も歩みの遅い乳児を先頭にして、年少順に二列に並んで歩きます。逆にすると、歩みの速い年長児が先行してしまい、しだいに列が延びて全体の統制が取りづらくなって危険です。各クラスの前後に職員を配置して離脱児に注意するとともに、道路の横断時にはクラスが分断しないようにします。渡り切れないと判断したら、クラスが分断しないように待ちましょう。避難物品を運ぶ職員は最後尾に続きます。子どもたちの先頭と最後尾を歩く職員は、道路工事でよく見かける「誘導棒（できればLED付き）」を持って、横断時を含めて車に注意を喚起するとより安全です。反射材付きのベストがあれば着用しましょう。

歩行では、車や自転車などに注意するのはもちろんですが、常に落下物や切れた電線などの障害物に目を配りましょう。特に切れた電線は高圧の電流が流れている可能性があるので、直接触れてはいけないのはもちろんですが、それが接触している水たまりにも触れないように迂回しましょう。また、倒れそうな塀などからも距離を取らせます。

避難場所が遠い場合には、途中の駐車場や広場など、子どもたちが集合できる広さがある場所で何度も休ませて、ゆったりと声かけをしましょう。急には探せませんので、どこにそのような休憩スペースがあるか、普段のお散歩を使って確認しておきましょう。避難経路マップを作って、それに危険個所やお休み場所などを書き込んで、普段から馴染んでおくことも有効です。

また、目標とする避難場所だけでなく、緊急時に途中で逃げ込める緊急避難場所をあらかじめ調べて、実際に使えるかどうかを確認しておく必要があります。避難は前を向いて進むのではなく、後ろを確かめ

Ⅱ 上手に避難するには？　55

ながら進むのです。野球のリードと同じで、「あぶない!」と感じたら、即座にすでに見てきた建物に逃げ戻れなくてはなりません。前だけを見て進むのは、避難ではなく突撃です。保育施設にとって、突撃の勝負は危険です。

(エ)避難場所に到着したら

　避難場所に到着したら、すぐにそこの管理担当者に保育施設の避難であることを告げ、人数を伝えて居場所を確保していただきましょう(避難中は、管理担当者を常に把握するようにします)。トイレに近い場所がよいですが、あまりに近いと人の出入りが多くて落ち着かないので、少しだけ離れた位置がよいでしょう。子どもたちの動きの管理のしやすさや、外部の視線からプライバシーを守るためにも、できれば壁際で、しかも、冬は冷たい風が当たりにくい場所、夏は逆に少し風通りがよい場所がよいです。子どもたちを座らせて落ち着かせます。簡単なおやつを与えてもよいでしょう。

　外部避難場所での生活は、基本的には園舎内避難と同じですが、子どもたちの着替えやおむつ替えのときのプライバシーを守るために、また、夜泣きなどに対応するために、二人用程度の小型のテントを持ち込みましょう。(113ページ「小型テント」を参照)

　また、行政の担当部署や保育施設の運営担当者に連絡を入れましょう。

7. 園舎内をお掃除しよう

　ここで園舎内避難に話を戻します。

　園庭に避難移動しても、ずっと外にいるわけにはいきません。暑さ・寒さもありますし、雨も降るかもしれません。でも、園舎内は地震で、ものが散乱していますので、そのままでは危険です。

掃除をしたり、シートを敷く

職員は、地震が少し落ち着いたら、子どもたちの居場所と移動する経路をお掃除して、危険なものを取り除きましょう。普段のお掃除のようにきれいにする必要はありません。「ほうき」などを使って、とりあえず危険なものを掃き集めて除去できれば十分です。普段の掃除では掃除機を使うことがほとんどですが、災害時は電気が使えないので、大きめの「ほうき」が数本あると重宝します。子どもたちの園舎内避難場所には、お掃除で除去しきれない危険物との接触防止や冷えの防止のために、お掃除ついでにシートやマットを敷いてもよいでしょう。

8. 情報を集めよう

　地震でショックを受けた子どもたちが一応落ち着きを取り戻して、全員の安否確認と応急手当が終わったら、「危機的段階」は終了です。次は情報収集をしましょう。災害を乗り切ることは、ある意味戦いですから、それに勝つためには、相手（災害とその被害）の情報を調べて分析し、こちらの行動に活かさなければなりません。

（ア）地震・津波の情報

　まず、今回の地震についての情報を調べましょう。テレビ、ラジオ、パソコン、スマートフォンを使って、気象庁のホームページ(https://www.j-ma.go.jp/jma/index.html)や各種ニュースサイトから、①震源の位置と規模、②保育施設の地域の震度、そして、津波浸水が想定される

地域では、③保育施設の地域に津波の注意報や警報が出ているかどうか、出ていれば、④予想される津波の到達時刻と高さはどれくらいか、といった情報を知る必要があります。大きな地震の場合、すぐにそれらのサイトに情報が掲載されます。得られた情報は、即座に職員の間で共有しましょう。

　地震では、「緊急地震速報」そのものが「警報」の意味を持ちますが、解除という手続きはありません。もう大きな地震は起こりませんとは言えないからです。情報は刻々として更新されますので、情報機器の電源はオンのままにします。

　津波による浸水の可能性がある保育施設では、気象庁から出される情報の違いによって、その後の行動が異なります。「津波注意報」は、海岸に達したときの津波の高さが0.2～1mです。「津波警報」は1.0～3.0m、「大津波警報」は3.0mを越える予想です。これらの予想は想定外を考慮した安全マージンを取って少し大きめなのが普通です。

(イ)天気の情報

　台風や集中豪雨などの気象災害ではもちろんですが、地震災害にうまく対処するためにも、気象に関する情報は重要です。天気や気温が今後どうなるかによって、避難の注意点は大きく変わってくるからです。気象庁のホームページや、ウェザーニュース(株)の無料アプリ「ウェザーニュース」などから最新の情報を取得しましょう。特に、暑さ、寒さ、降雨、降雪など、子どもたちの体調に直接影響する環境の悪化の予報を知れば、それに対応する準備を早めにすることができます。

(ウ)電気、ガス、通信の情報

　大きな地震が起こると、社会生活に必要な設備が破壊されて使えな

くなります。中でも電気やガスなどのエネルギーの供給に障害が起こると、保育施設では暖房や冷房が使えなくなり、調理もできなくなって困ります。テレビなどの情報機器も使えません。一刻も早く復旧してほしいですが、ただイライラしながら回復を待つのではなく、現在の障害の状況と先の見通しについての情報取得を試みましょう。もちろん、自分が今いる地域のネット接続が生きていることが条件となります。ノートパソコンは、その時にバッテリーが十分に充電している状態ならば使えますが、災害時にデスクトップパソコンを使うには非常用電源が必要なので、情報収集は主にスマートフォンなどを使いましょう。

電気(配電)については、各地の電力会社が「停電情報」を公開していて、スマートフォンからも見ることができます(例えば、中部電力パワーグリッド「停電情報お知らせサービス」、https://power-grid.chuden.co.jp/goannai/ippan/safety/taishoho/)。都市ガスについても、各地のガス会社が復旧状況について情報を出しています(例えば、東邦ガスネットワーク、「ガス復旧見込みマップ」、http://www3.tohogas.co.jp/nw/emergency/emergency-05/)。

スマートフォンも、基地局が被害を受けると、地域によっては通じにくくなります。電話をかけた相手が出ないと心配になりますが、通信障害が原因である場合が多いです。スマートフォンの通信状況についても、各社が情報を出しています(例えばNTT ドコモならば、「通信状況のお知らせ」https://www.docomo.ne.jp/info/status/)。

電気やガスは地域によって管轄する会社が違いますし、スマートフォンは人によって利用している会社が違いますし、その時になって探して使おうとしても難しいので、あらかじめそれぞれに合う情報サイトを探してブックマークに登録しておいたり、必要なアプリをダウンロードしたりして、普段から使い慣れておきましょう。

(エ) 道路の情報

　道路も地震によって大きな被害を受けます。保育施設周辺の道路被害の状況は、日本道路交通情報センター（JARTIC）のホームページ（https://www.jartic.or.jp/）などで知ることができます。また、道路の交通状況は、Googleマップの「交通状況」で見ることができます。これはGoogleマップを使っている車の動きをGPSで捉えて集計したものなので、渋滞箇所がわかります。

　これらの情報から、どのあたりの道路が地震で被害を受けて通りにくくなっているかを推定できます。子どもや職員が園外に移動をしなければならなくなった場合や、保護者に来ていただく場合の安全確保のために役に立つ情報です。

9. 津波避難をどう判断するか

　津波による浸水が想定される地域にある保育施設では、子どもたちを園舎のより高い階や園外に移動させることが必要になるかもしれません。ただ、行政から配布される「津波ハザードマップ」の浸水想定は、国から出された理論上最大値で、しかも想定外を恐れて安全マージン

● **自施設の津波被災判断**
東日本大震災における仙台平野の津波被害状況から導き出された
津波警報／大津波警報発令時に想定される津波浸水と被害の目安

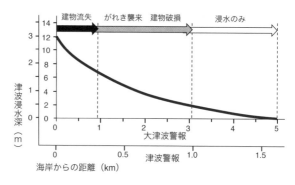

● 津波の浸水深と死亡率の関係
垂直避難で助かる範囲は広いことに注目しよう

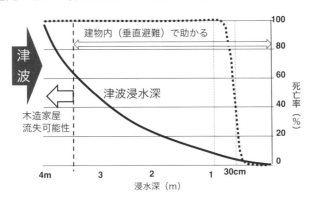

● 地震から外部避難場所までの時間経過
本番の外部避難は訓練よりはるかに時間がかかることを
覚悟しなければならない

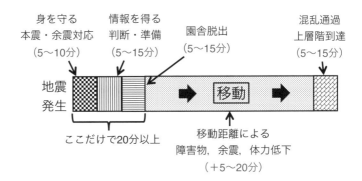

が上乗せされていますので(危機管理では当然のことです)、地震で津波が来たら必ずこうなるという意味ではありません。「最大・最悪の場合には、こうなる可能性もあるかもしれない」という参考資料に過ぎません。最大・最悪は、東日本大震災の津波をはるかに超えるような想定なので、科学的にも奇跡的な確率でしか起こりません。そもそも科学的には、「最小・最良」の値は算出できても、「最大・最悪」の値の算出は困難です。

Ⅱ 上手に避難するには？　61

東日本大震災の津波自体が、盛んに言われたように「想定外」でした。地震や津波の科学は発展途上です。科学的な理論はあくまで仮説なので、それが正しいことを保証していません。一方、人間の力には限りがあるので、「奇跡的な確率でしか起こらない科学的最大最悪の可能性」などに合わせようとすると、対策自体がほとんど不可能になってしまいます。はるかに起こる可能性が高く、保育施設でも対応が可能な、もっと小さな(それでも十分に大きい)津波への備えを考えた方が現実的です。

　気象庁から出される津波に関する警報・注意報には段階があります。また、同じ警報・注意報であっても、保育施設がどこにあるかで、危険度も取るべき行動も違います。津波はエネルギーです。魔術ではありません。陸地に侵入(遡上)した場合には、海岸から離れれば離れるほどエネルギーを失って水深が浅くなります。

　東日本大震災では大きな津波の被害が出ました。マスコミ等で激しい津波被災の様子をたくさん見せられて、津波で浸水した場所がすべてあのようになってしまうかのように思い込んでしまいがちですが、そうではありません。家屋が流失し、流れてきた瓦礫によって家屋が破壊された場所と範囲は限られています。

　東日本大震災では、平坦地である仙台平野(標高が1m前後)に約10m(津波高)の津波が押し寄せて、海岸から約5kmの内陸まで到達(陸上遡上)し、そこで水深が0mになりました。国土地理院などの調査で、家屋が流失したのは海岸から1.0〜1.5km程度、すなわち到達距離の3割程度だったこともわかりました。平均すると1km進むごとに約2割程度浅くなったことになりますが、実際には津波の物理的な性質から、もっと早く浅くなりました。また、津波浸水深が3.5m程度を越えないと建物は流失しづらいこと、建物は流失しないまでもガレキが押し寄せて被害を及ぼしたのは海岸から1.5〜3km程度まで、すなわち到達距

離の3〜6割程度までだったこともわかりました。

東日本大震災の地震は、過去に日本で起こった最大規模の地震で、それによる津波も最大規模でした。過去に実際に記録された津波、あるいはさまざまな資料や調査から推定される歴史的津波でも、東日本大震災の津波をはるかに越えるものはほとんどありません。ですから、東日本大震災の津波の記録がひとつの目安として使えます。

津波がどれだけ内陸まで到達するかは、海岸に押し寄せたときの高さに比例します。5mの津波なら2.5km程度、3mの津波なら1.5km程度、2mの津波なら約1km程度、1mの津波なら約500m程度ということです(実際には、津波の水の性質や地形から、これより少し長くも短くもなります)。また、到達距離の6割程度までガレキが来る可能性があります。

「津波注意報」は、海岸に達したときの津波の高さが0.2〜1.0mです。「津波警報」は1.0〜3.0m、「大津波警報」は3.0mを越える予想です。

「津波注意報」の津波高は最大1.0mですから、防波堤などの波を遮る構造物がなくても海岸から500m程度しか浸水しません。それより遠い位置にある保育施設では、子どもたちを園外に避難移動させる必要はありません。500m以内でも園舎は流失しませんが、浸水する可能性はありますので、子どもたちを二階に移動させましょう。

二階に移動します

II 上手に避難するには?　63

「津波警報」の津波高は最大3.0mですから、海岸から1.5km程度まで浸水する可能性があります。大きなガレキが発生する可能性もあります。ただ、園舎が流失する可能性は低いので、海岸から500m程度以内でなければ二階以上に避難移動すれば大丈夫です。海岸から1.5kmより内陸では、園外避難移動する必要はありません。

　「大津波警報」の津波高は3m以上とされていて、上限はありません。ただ、東日本大震災での三陸海岸のような典型的なリアス式海岸でもなければ、最大10m程度と考えられますので、浸水する可能性がある範囲は海岸から5.0km程度までです。従って、それより内陸にある保育施設では、津波による園外への避難移動の必要はありません。また、東日本大震災では、10mの津波でも海岸から1.5〜2.0km付近までしか建物が流失していませんが（その付近で水深が3.5m以下になる）、海岸から3km程度までガレキが来る可能性がありますので、海岸から2.0〜5.0kmにある保育施設では二階以上に避難移動します。海岸から2.0km以内にある保育施設は、流失したりガレキで大きな破壊被害を受けたりする可能性があるので、ただちに海岸から2.0km以上離れた建物に移動するか、2.0km以内でも十分な高さと頑丈さがある別の建物のできるだけ上の階に避難移動する必要があります。

　たとえば、愛知県の濃尾平野は南海トラフ大地震に伴う津波で浸水の可能性はありますが、想定は最大3m程度で、沿岸部は津波や高潮対策が強化されているので、「津波警報」に準ずる対策をしておけばよいでしょう。ただ、津波を起こす地震は南海トラフ大地震だけではないので、「大津波警報」が出た場合の対応も準備しておく必要があります。

　また、ここで、「園外への避難移動の必要なし」、あるいは「保育施設の二階への移動で十分」としたエリアにある保育施設でも、どうしても心配ならば、園外への避難移動をしてもよいのです。ただ、津波では30

64

cm以下の浅い浸水でも流されてしまうので、水が来たときにはどこかの建物に入って足を濡らさない状態になっていることが必要です。

　建物が流失する可能性のある保育施設（大津波警報が出た場合に海岸から1.5〜2.0km以内）では、緊急の園外への避難移動の準備を入念にしておく必要があります。津波の到達時間はかなり正確に予測されていますので、どれくらい時間の余裕があるかを知って、避難移動の場所や方法を決めましょう。実際には、本震から子どもたちに園外避難の準備をさせて園舎を出るまで、どうがんばっても20分程度はかかりますし、大地震後は余震が頻発しますので、その後の移動にも平時の2〜3倍の時間がかかることを計算に入れておかなければなりません。幼児の歩行速度は、平時で1時間に1km程度ですが、災害時の避難移動では、その半分程度あるいはそれ以下になることを覚悟しなければならないからです。しかも、連続歩行ではなく、休み休みです。なお、「地震から○○分後に津波が到達します」というときの「○○分後」は、地震の揺れが止まってからではなく、地震の揺れが始まったときからであることに注意が必要です。揺れが長いと、それだけ避難に使える時間が削られるということです。現在、南海トラフ地震など、海底のプレートの動きによって10mに達するような大津波が想定される地域では、地震から津波到達まで10〜30分程度しか猶予時間がありません。その時間も、本震で削られ、頻発する余震で削られ、移動の準備や途中の様々な困難で削られますので、現実的には、子どもたちの避難移動に使える時間はほとんどないと考えるべきです。園外に移動できる距離は数百メートルが限度でしょう。「あきらめずにできる限り逃げましょう」などと無責任なことが言われますが、その時に「どこまでできるのか、できないのか」などまったくわからないのです。津波の水は近くに来るまで見えないからです。ですから、精神論の逃走ではなく、計画された避難

II 上手に避難するには？　　65

行動をしましょう。

　距離で勝負する水平避難が困難であれば、無理せずに高さで勝負する垂直避難に力を入れましょう。地上で危険な浸水範囲から逃れるには非常に長い距離を移動する必要がありますが、垂直方向なら、10mも上がれれば大津波からさえ逃れることができる可能性が高いからです。

　東日本大震災で「津波てんでんこ（他人にかまわず、てんでばらばらに逃げること。一人でも多くが助かるように）」が有名になり、これを実践する保育園もありますが、危険なのでお勧めしません。練習でならストレスが無いのでうまくいきますが、本番は激しい恐怖や様々な障害物の中での行動になります。ある程度統制が取れて訓練もできる小学校以上なら可能かもしれませんが、保育施設の子どもたちにこれをやらせると、ばらばらになって統制も把握もできなくなり、積み残しの犠牲が出ます。保育施設では、「ひとりでも多くが助かるように」は通用しません。全員が助からないような生存競争の避難は避難ではありません。自分ひとりで的確な判断することが難しい乳幼児期の子どもたちが「てんでんこ」をしないで済むようにするのが対策というものです。乳幼児に生存競争の勝負をさせてはいけません。

10. 水を確保しよう

　保育施設では普段から水をたくさん使います。飲み水はもちろん、トイレや洗濯、調理などに必要です。水は浄水場から地中に埋められた送水管で送られてきます。地震では揺れで地中が大きく変形し、送水管が壊れて水が送れなくなってしまうことがあり、水道が断水します。断水しなくても、水が濁ってしまって飲み水として使えなくなることもあります。

　地震が起こって、とりあえず子どもたちの安全を確保したら、水道を全開にして、水を入れられる園内の多くの容器に水を溜めましょう。可能

水の確保

な限り、小さな容器まですべてです。そのためのポリタンクなどを普段から準備しておきましょう。折り畳みができるポリタンクもあります。保育施設は、たくさんの乳幼児の命を守らなければならず、そのためには水が必須ですので、早期の水の確保は許されるべきです。

　飲み水がどうしても足りなくなったときのために、水を汲める川を調べておきましょう。できるだけ水量が多い川がよいです。水を汲むバケツも必要です。アウトドア活動で使う浄水器でろ過して沸かせば、飲み水として使えます。携帯できる簡易浄水器が市販されています。あくまで非常手段ですが、準備しておくと余裕が生まれます。

11. 保護者への連絡と約束 −かえらない、かえさない−

　地震が起こったとたんに保護者が思い浮かべるのは子どもの顔です。子どもが無事かどうかの心配です。保育施設は、とりあえず子どもたちの身の安全の確保ができたら、できるだけ早く保護者に子どもたちの状況を知らせましょう。多くの保育施設では、普段から保護者との連絡用に「LINE」をはじめとしたさまざまな情報通信技術（ICT）が使われていますので、使い慣れた手段を使いましょう。

　「子どもたちは全員無事に避難しています。安心してください。ご自分の安全を守ってください」。

　可能であれば、避難している子どもたちの写真を載せられるとよりよいでしょう。

　「LINE」は、そもそも災害時の迅速な

ICTを使って無事を報告する

II 上手に避難するには？　67

意思疎通を目指して開発されたアプリなので、大きな災害時も使える可能性が高いです。実際に災害が起こったときと、その練習のときだけ使う条件で、保育施設関係者と保護者のグループを組んでおくと役立ちます。ただ、緊急時の連絡は、普段から練習しておかないと急にはうまくいきません。防災・避難訓練のときなどに実際にやってみて、保育施設も保護者も扱いに慣れておきましょう。

　もうひとつ大事なことは、保護者は「地震直後には絶対に保育施設に駆け付けてはいけない」ことです。子どもが心配なのは理解できますが、絶対にだめです。来させてはいけないし、行ってはいけません。なぜなら、大きな地震はそれだけでは終わらずに、直後に何度も強い余震が起こりますので、街が破壊されていく途中だからです。東日本大震災の本震である東北地方太平洋沖地震は午後2時46分に起こりましたが、その日の夜中までに、156回の余震が発生しました。つまり、本震後もしばらくは「発災中」で、街中はコンバット・エリア（戦場）だということです。その中を移動するのは非常に危険です。

　一方、園舎の安全度は高く、それそのものが災害避難所と言えます。つまり、そこにいる子どもたちは避難を完了していることになりますので、家庭にいるよりはるかに安全です。子どもを連れて帰ることがより安全になるわけではないのです。

　ですから、保護者は自分の方がはるかに危険な立場にいることを認識して、子どものために自分の命を守ることに全力を上げなければなりません。テレビ・ラジオやインターネット情報に注意して、周囲や街中がある程度落ち着いてから保育施設に迎えに行きましょう。少なくとも、（たとえ、そこが津波浸水エリアではなくても）どこかで「津波警報」が出されている間は、保育施設に向かってはいけません。また、夜の行動も絶対に避けるべきです。災害時の夜は、治安が急激に悪化するからです。

それでも保護者が地震直後に保育施設に来てしまった場合には、すぐに子どもを連れて帰らせずに、状況が少し落ち着くまで園舎にとどまっていただくべきです。

12. ゲリラ豪雨になったら（応用）

　災害避難中であっても、通常の保育中であっても、急な雷雨であるゲリラ豪雨が起こることはあり得ます。ものすごい雨と雷、さあどうしましょう。

　答えは簡単で、特に何かをする必要はありません。大雨、洪水、雷、暴風の注意報や警報が出されたとしても、園舎外に避難移動する必要はないし、してはいけません。なぜなら、ゲリラ豪雨は急に発生して、あっという間に激しい状態になるので、その中に子どもたちを連れ出すことは非常に危険だからです。子どもたちが激しく濡れてしまうことが避けられませんので、低体温症になったり落雷に遭ったりする危険があります。

　ゲリラ豪雨は30分から長くても3時間程度で過ぎ去ります。園舎が床下浸水することはあり得ますが、子どもの命に関係ないので無視できます。最悪、床上浸水することもありますが、子どもがおぼれるほどの深さになることはありません。

● **浸水のしくみ**
タライを思い浮かべよう。へり（縁）がないと水は溜まらない。
どれくらい深く浸水するかは、施設の周囲（2km四方程度）が
どれくらい閉塞するかによる

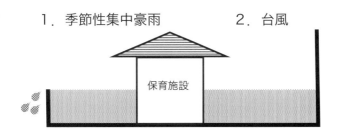

II 上手に避難するには？

水の室内侵入を止めたり減らしたりするために、防水用の土嚢や水止めシートなどで入り口の扉のすきまをふさぐことも有効です。水が室内に入ってくると怖くなりますが、子どもたちが濡れないように、落ち着いて少し高い物の上に避難させましょう。普段から、そのための場所や物品を考えておくと安心です。お遊戯室の舞台なども有効です。水が引いたら室内を掃除しましょう。

保育施設からの脱出を考えなくてはならない豪雨は2種類しかありません。季節の変わり目（春から夏、夏から秋）に日本列島の上で熱い空気と冷たい空気が入れ替わるときに起こる前線による集中豪雨と台風だけです。ただ、これらの豪雨で、保育施設が避難しなければならない事態になることはあり得ませんし、あってはなりません。基本的には休園だからです。なぜなら、これらふたつの豪雨は予想可能ですので、事前に天気予報などでも盛んに注意と対応が呼びかけられるからです。朝から警報が出されるか、やがて警報が出される可能性が高いこともわかりますので、必要なのは保育施設の責任者による休園の判断だけです。万が一、保育施設が開いている状態でこれらの豪雨になってしまった場合や、そのような状況でも子どもを受け入れざるを得ない場合には、園舎内避難で持ちこたえるしかありませんが、園舎が流失したり、子どもがおぼれてしまったりする可能性は非常に低いので心配はいりません。

大雨で保育施設の周囲が浸水してしまうことはよくあることです。こわくなってしまうかもしれませんが、子どもたちの命が危険になるほどに水が深く溜まることはほとんどありません。溜まったとしても大人の膝程度です。理由は、水は空中には浮かばないからです。「たらい」と同じで、せき止められる縁（へり、ふち）が無いと、広がっていくだけで深くは溜まらないのです。そのような地形はごく限られます。大きな深いくぼ地になっている場所か、川と川とが合流して両方の堤防が合わさって水の逃げ

場がない状態になっている堤内地だけです。大きな河川の堤防の高さに合わせて洪水ハザードマップの浸水深を書いてしまう事例が多くありますが、そのような形の浸水にはならないのです。自分の保育施設がどのような地形の場所にあるのか、地形図をもとに調べてみましょう。

　もし、どうしても園外への避難をしたいのであれば、その時の状況を考えましょう。災害発生の可能性が高まると、行政（市区町村）からは避難情報が発せられます。まず「高齢者避難」が出され、高齢者や障がい者の避難が勧められます。さらに状況が悪化すると「避難指示」が出され、対象地

● 市区町村から出される避難情報
保育施設の外部避難移動は警戒レベル3（高齢者等避難）までに行う。
避難指示が出てからでは危険

警戒レベル	災害状況	避難情報
5	発生・切迫	緊急安全確保
4	おそれ高い	避難指示
③	おそれあり	高齢者等避難
2	状況悪化	注意報
1	悪化のおそれ	早期注意情報

域のすべての住民の避難が勧められます。そして状況が最悪になると「緊急安全確保」が出され、無理な移動をせずに命を守るための行動が求められます。保育施設が子どもたちを安全に外部に移動させることができるのは、残念ながら「高齢者等避難」の段階までです。「避難指示」が出される段階では、状況は非常に悪化していますので、子どもたちを外に出すこと自体、大きな危険を伴うからです。「緊急安全確保」で子どもたちを外に出すなど、とんでもありません。たとえ注意報も警報も出さ

れていなくても、少しでも「こわい」と感じるようなら、もう出てはいけません。園舎が大きく被災するのは、津波による限られたエリア以外、ほとんどありませんので、園舎内避難を充実させる努力をした方が得策です。

13. 土砂災害が心配なら（応用）

大雨で斜面や崖の土砂が崩れて、建物に被害を及ぼすことがあります。国土地理院の「重ねるハザードマップ（https://disaportal.gsi.go.jp/maps）を見ると、土砂崩れや土石流などの土砂災害が起こりやすい場所と範囲がわかります。この範囲に位置する保育施設は非常に少ないですが、該当する保育施設では対応を考えておく必要があります。

●がけの近くの施設の緊急避難
がけ崩れが心配な場所で、
施設外避難が困難な場合には、
がけと反対側の部屋に移動しよう

前もって予想できる季節の変わり目の集中豪雨や台風の場合には、子どもたちが洪水や土砂災害に見舞われることを未然に避けるために基本的には休園なので問題ありません。もしも、ゲリラ豪雨で警報が出された時や、出されなくても雨が強くて心配になった場合には、子どもたちを崩れることが心配な崖とは反対側の部屋、できれば二階の部屋に移して待機しましょう。可能であれば、待機する部屋と崖の間に別の部屋があるとなおよいです。

14. 保育中に警報発令！どうする？

保育中に気象に関する「警報（大雨、洪水、暴風）」が出されることが

あります。保育施設はどのような対応をしているでしょうか。日本中の多くの保育施設では、保護者にお迎えをお願いしているのではないでしょうか。

「警報が発令されたので、すぐにお迎えに来てください」。

　果たしてこれで大丈夫なのでしょうか。子どもを帰せば、保護者に渡せば、その瞬間に保育施設の責任は終わるのでしょうか。その判断や「保護者を迎えに来させること」に責任はないのでしょうか。その責任が問われたのが、東日本大震災における石巻市の幼稚園バスの津波被災です。大津波警報が出ていたにもかかわらず、通園バスに子どもたちを乗せて帰してしまったことの責任が問われたのです。裁判の判決では、「警報が出ていたのだから、その結果は容易に予見できたはず。幼稚園側が法的責任を負うことは逃れがたい」とされました。

　「警報」は国の機関である気象庁から出される公的な情報です。「このエリアには危険が迫っています。大雨、洪水、あるいは暴風になる可能性が非常に高いです。すぐに身を守る行動を取ってください」という意味です。それなのに、保護者をその「危険が迫る」エリアに呼び入れたり、その中を子どもとともに帰したりしてよいのでしょうか。これはとても危険なことではないでしょうか。例えば、大雨や暴風の警報が出されているのに、山にハイキングに出かけるでしょうか？　そもそも、なぜ「警報が出たらお迎え」なのでしょうか。

　もし、保育施設に向かう途中、あるいは帰る途中に保護者が何らかの事故に遭えば、保育施設や保育施設を管轄する行政や運営担当者は責任を問われる可能性が大きいです。訴訟になるかもしれません。きびしい訴訟になることは明らかです。なぜなら、公的な情報である「警報」が出ていたからです。保育施設は、「警報」や「注意報」に常に注意を払う義務がありますので、「知らなかった」では済みません。「大丈夫だ

II 上手に避難するには？　73

と思った」などという話は通りません。

　「警報が出たら保護者に迎えを」は、そろそろ再考すべき時期にきているのではないでしょうか。職員の「子どもを遅れなく家に帰してあげたい」お気持ちはわかりますが、何か起こってからでは手遅れです。そのような事態は数年に一度くらいしかありませんので、警報が解除されるまで、保育施設に来るのを待っていただいた方がよいでしょう。もしそのときに保護者が来ていたら、帰宅を少し待っていただきましょう。保育の途中で発せられる「警報」は主にゲリラ豪雨についてなので、比較的短い時間で解除されるか、あるいは「注意報」に切り替わります。「警報」が出ていて引き留めたにも関わらず、もしも保護者がどうしても子どもを連れて帰るというのでしたら、「保育施設は責任を負えない」旨、ご理解いただく必要があるでしょう。

　「注意報」の場合にはそのような制限はありませんが、もちろん注意して行動する必要があります。「注意報」から「警報」に切り替わることはめずらしくないからです。

　最近、気象庁は、今後大きな気象の悪化が懸念される段階で、警報が出される可能性の大きさ[早期注意情報（警報級の可能性）]についての情報を出すようになりました。もし、天候悪化でお迎えをお願いするなら、この情報で「警報が出される可能性が高い」とされた段階でしょう。警報が出されてしまってからでは遅いのです。

　この問題は、早急に全国の保育施設や行政の担当部署で検討していただきたいと思います。

15. お泊りの準備をしよう

　地震災害の規模が大きかったり、発災が午後だったりすると、その日のうちに子どもたちを安全に帰宅させることが困難になります。また、津

波で付近が浸水したり、液状化したりした場合も、しばらくは園舎から出ることも、保護者が迎えに来ることもできなくなりますので、その日の帰宅が困難になります。得られる情報や街の状況から少しでも不安を感じたら、躊躇なくお泊り(籠城戦)を決めて準備に入りましょう。

籠城戦は、災害を乗り切るためにとても有効な戦術です。災害の力は時間とともに弱まりますので、チャンスを待つのです。夏にお泊りイベントを実施する保育施設がありますが、災害でのお泊りもひとつの貴重な経験と考えて、深刻に考えないようにしましょう。終わってみれば、子どもたちにとって忘れることのできない思い出になります。そもそも、そのような事態は数年に一度あるかないかです。

地震以外にも、ゲリラ豪雨などで帰宅できなくなる可能性があるので、平時からお泊りの準備は必要です。広範囲の浸水で水が引かず、長時間園舎内に閉じ込められる可能性もあるので、最長で3泊くらいできる準備をしておくと安心です。

お泊りを決めたら、保護者にその旨を連絡します。
「安全のために、子どもたちをお泊りさせます。十分な準備がありますので安心してください。保護者の方々は、くれぐれもご自分の命を守ることに集中してください。子どもたちは大丈夫です」。

保育施設は子どもたちのお泊りのためにどのような準備をしているのか、そして、子どもたちが実際にどのようにお泊りするのかについて、災害が起こる前に、イベントなどを利用して保護者に見せておくと安心していただけるでしょう。

一方、お泊りを決めても、子どもたちにははっきりと知らせる必要はありません。あまりはっきりとお泊りを宣言してしまうと、自宅に帰れないことに強いショックを受けて怖くなってしまいます。子どもにはいずれわかりますので、聞かれたら何となく答える程度でよいでしょう。「今日はお外

に出るとあぶないから、先生やみんなといっしょにいようね」。その程度で十分です。

お泊りを決めたら、どの部屋で就寝するかを決めます。普段の各クラスの保育室でもよいですが、ある程度まとまった方が子どもたちも寂しさを紛らわすことができますし、保温効率もよくなります。それぞれの保育施設でやりやすい方法を取りましょう。

まず1泊分の必要物品（備蓄物品など）や寝具などを取り出して、子どもたちがいない部屋に集め、分類します。最初からたくさん出してしまったり、子どもたちのスペースにいきなり持ち込んだりすると、煩雑になって子どもたちを刺激するので、物品置き場を決めた方がよいでしょう。また、物品置き場も決めます。必要物品は、その都度、子どもたちのスペースに持ち込んで使い、不要になった物品は即座に撤去します。廃棄物はゴミ袋に分類して集めましょう。

16. 病児保育施設の対応

病児保育とは、子どもが病気になったときに、保護者が在宅でその面倒を見ることがむずかしい場合に、子どもを預かって看病しながら保育をすることです。急性の疾患の場合がほとんどですが、在宅療養をしている慢性の疾患や障害のある子どもを、保護者のレスパイト（休息という意味）として預かる場合もあります。病児保育が可能な施設は小児科などのクリニックに併設されることが多いですが、そうでない施設を含めて、保育士と看護師が保育に当たります。

災害が起こった場合の病児保育施設の対応は、一般の保育施設と特に変わったことはありません。大きな災害の場合には、保護者がすぐに迎えに来られない、あるいはすぐに迎えに来るべきではない事態が想定されますので、籠城戦の準備が基本です。施設の破損が激しくてそこ

に留まることが明らかに危険な状況でもなければ、病児を指定避難場所に移動させる必要はありません。

病児の場合には、保護者が心配のあまり、無理して迎えに来ようとする傾向がより強いことが懸念されますので、施設は安全であること、まず保護者自身の身の安全の確保に全力を上げるべきであること、絶対に無理をして迎えに来ないでほしいことを事前によくお話して了解していただきましょう。

保育士と看護師で保育

治療に必要な薬は余分に準備しておく必要があります。クリニックに併設されている場合でも、現在は医薬分業が一般的なので、必要な薬が容易に入手できるとは限りません。もしもの場合に備えて、3日分くらいを預かるようにしましょう。着替えも少なくとも1日分程度は預かりましょう。

子ども用の食料も3日分程度準備しておきましょう。その場合、対象が病児であることを考慮して、食べてもよい、かつ食べやすいものにします。アレルギーがある場合も多いので考慮する必要があります。

停電すると冷暖房が使えなくなります。病児であることから、暑さ寒さへの対応方法を十分に検討して準備しましょう。(80ページ「暑さ・寒さへの対策」を参照)

人工呼吸器など、電気を使う医療機器が必要な病児を預かる施設では、予備のバッテリーを保護者からお預かりしますが、長い時間は使

II 上手に避難するには? 77

えないので、施設側としても予備の電源を準備しておくとよいでしょう。

　電源としては、車のシガレットソケット、発電機、蓄電池があります。車を電源として使う場合は、インバーター（DC/AC変換機）が必要です。発電機は、燃料としてガソリンや軽油を使うものと、ガス（ボンベ）を使うものがあります。ただ、慣れていないと取り扱いがむずかしことや、一酸化炭素が出るので屋外でしか使えないこと、ある程度の騒音が出ることが難点です。燃料の備蓄も必要です。

　現実的には、インバーター内蔵の蓄電池が使いやすいでしょう。その場合、蓄電池の使用可能電力（W）と電力使用時間（Wh）を確認して適合する製品を選びます。機器の必要電力は、人工呼吸器、在宅酸素濃縮器、加温加湿器が200〜250W程度、吸入器や吸引器が150W程度です（実際に使う機器について確認しましょう）。蓄電池の電力使用時間（Wh）を機器の必要電力の数字で割ったものが使用可能時間になります。12時間以上駆動できる電力を供給できる製品を選びます。蓄電池の実際の使用可能時間は、接続する機器の使用状況や室温などでかなり変わるため、事前に確認しておきましょう。

　電気を使わずに使えるアンビューバック（バックバルブマスク換気）、酸素ボンベ、手動式吸引器なども準備しておくと安心です。ただ、停電が解消しない限り、電気を必要とする病児の危機的状況は解消しませんので、非常電源設備を有する最寄りの大き目な病院と普段から連携を取って、非常時に受け入れてもらえるようにしておきましょう。

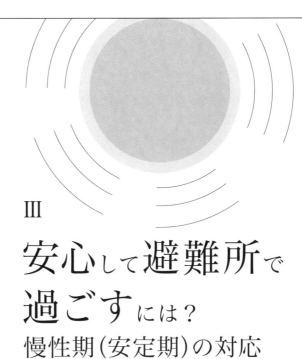

III
安心して避難所で過ごすには？
慢性期(安定期)の対応

1. 暑さ・寒さへの対策

　人間は熱（体温）によってからだの仕組みを動かしています。正常な体温は36.5℃プラスマイナス0.5℃くらいです。これが、からだの働きに重要な役目を果たしているたくさんの酵素にはちょうどよい温度なのです。それよりも温度が高くても低くてもからだによくありません。極端に低くなると低体温症、高くなると熱中症になって命にかかわります。

　人間は、赤ちゃんを含めて体脂肪や内臓脂肪にエネルギーを蓄積していますので、食べなくても簡単には命を失いません。しかし、からだが冷えることには非常に弱いので、特に低体温症には注意が必要です。

（ア）熱の出入りのバランスと体温調節

　からだは食べたものを分解・吸収して様々な物質に作り変えたり、筋肉を動かしたりすることで熱を作り出していますが（発熱）、同時にその熱はからだからどんどん逃げていきます（放熱）。

　からだは常に赤外線として熱を外に放っています（放射）。汗が蒸発するときには気化熱として熱が奪われます（気化）。熱は温度が高いものから低いものへと移動する性質があります。からだより冷たいものに触れていると、そこから熱が逃げていきます（伝導）。冷たい空気に触れ

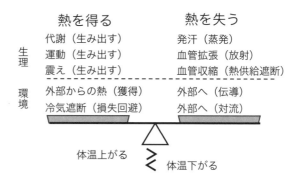

● **体温調節のてんびん**
環境と子どもの状態に合わせて、天秤が大きく傾かないように調整しよう

るだけでも熱を奪われます（対流）。逆に、からだよりも外部の温度が高いと、からだに熱が流れ込むことになります。

　外気温が28℃から32℃くらいの間では、発熱と放熱が釣り合います。また、人間には体温などのからだの状態を一定に保とうとする働き（ホメオスタシス、恒常性）が備わっていますので、少々の温度変化には対応できます。それよりも大きな温度変化には、衣服を着たり脱いだり、冷暖房を使ったり、自分の居場所を変えたりすることで、正常体温が保たれるように熱の出入りのバランスを取ります。しかし、乳幼児はまだそういった体温を調整する力が弱く、体の容積の割に表面積が大きいので、大人と違って外界の温度変化の影響を受けやすい特性があります。つまり、「熱しやすく、冷めやすい」ことに注意が必要です。

　この熱の出入りのバランスを取ることが困難になるのが災害時です。大きな地震が起こると、発電所や送電設備が被害を受けて電気が停まってしまうでしょう。都市ガスも配管が壊れて止まります。保育施設では、子どもたちの体温調節能力を補うために暖房・冷房機器による空調が不可欠ですが、それが瞬時に使えなくなります。ですから、子どもたちの体温を適温に保つための工夫が必要です。

（イ）低体温症とは

　体温が低下していくときに起こるからだの変化を知りましょう。正常値から少しでも下がると（正常値〜35℃）、意識は正常ですが、からだは表面に近い血管を収縮させて熱を運ぶ血液の流れを減らし、体温をできるだけ逃がすまいとします。血流の減少は手足の先端から始まりますので、まず指先が冷えて細かな動きができにくくなります。そして寒気を感じ、「震え」が始まります。からだが筋肉を震わせて熱を生み出そうとするのです。低体温症の始まりを示す「からだの警報」なので、見逃し

Ⅲ 安心して避難所で過ごすには？　81

てはいけません。保育施設では、この段階で体温の低下を止めなけれ
ばなりません。

　さらに体温が下がると（35〜33℃）、会話の反応が鈍くなり、よろめ
いたり眠気を催したりするようになります。震えも強くなります。からだは
血液を生命維持に重要な内臓に集めてその温度（深部体温）を保とう
としますので、からだの表面はさらに冷えていきます。一方、内臓の水分
が増えるのを嫌って利尿作用が働き、からだ全体としては脱水になりま
す。保育施設では、最悪でもこの段階で体温の低下を止めなければな
りません。一般の方が救命できるのはこの段階までだからです。これよ
りも体温が低下してしまうと、専門的な医療処置でないと救命できません。

　体温が33〜30℃になると、からだは正常な動きができず、意思疎通
もむずかしくなります。やがて呼びかけにも応答しなくなります。錯乱状
態になることもあります。こうなると、からだは震えることさえできません。

　体温が30℃以下になると心拍や呼吸が弱くなって昏睡状態に陥り、
やがて脳波が消失して心臓も停止し、死に至ります。気温の30℃はとて
も暑く感じますが、内臓にとっては死の温度なのです。

（ウ）低体温症を防ごう

　冬場にエネルギーの供給が止まると、室内であっても、空気だけでな
く床や壁など環境表面も冷たくなり、それらにからだが触れると体温を
奪われてしまいます。できるだけ、からだの熱を逃がさない工夫が必要
です。加えて、からだに熱を補わなければなりません。

　まず、マットや毛布、座布団、クッションシート、段ボールなど断熱性
のあるものを敷いて、子どもたちが冷たい床に直接座らないようにしま
しょう。床とからだとの接触は長時間になるので、からだの熱が逃げる
大きな経路になってしまうからです。

低体温を防ぐために
お菓子や温かい飲みものを

　空気は断熱効果が高いので、衣服はできるだけ空気の層ができるように(モコモコに)着せましょう。兄姉からのお下がりや古着でもよいので、各園児が冬用のジャケットなどを常備しておくと役立ちます。血液を冷やさないように、太い動脈と静脈が走る首筋をタオルなどで覆います。タオルはできれば毛足の長めのものがあるとよいでしょう。頬、額、耳、頭を覆うと温かくてホッとします。足が寒いとつらいので、タイツを履かせるのもよいし、靴下を二重にしても効果があります。また、アウトドア用品の緊急保温シートで衣服の外側からからだを包んで熱の放射を防ぐことで、さらに保温効果を高めることもできます。ただ、むやみに保温し過ぎて暑くなると汗をかいてしまい、かえって体温を奪われてしまうので、子どもの様子を見ながら調節しましょう。

　衣服が濡れると急速に体温が奪われるので、特に下着の着替えは普段から準備しておきましょう。もし濡れてしまったら、着せたまま乾くのを待つのではなく、すぐに着替えさせましょう。

　使い切りカイロは低体温を防ぐために非常に有用です。包装を破ると空気による鉄の酸化が始まって熱を出します。製品によりますが、12〜24時間程度発熱が続きます。これを太い血管が通る腋の下、腹部、首筋などに当てて血液を温めます。頬や額に当てたり手で握ったりしても

Ⅲ 安心して避難所で過ごすには？　　83

効果があります。カイロはそのままだと熱過ぎて低温火傷の心配があるので、布などに包んで温度を調節しましょう。ひとり1日2個として、3日分あると安心です。

　からだは摂取した栄養から熱を作り出します。子どもたちが食べやすい飴やチョコレートなどの甘いお菓子類はカロリーが高くて分解・吸収されやすく、からだの中ですぐに熱を生み出すことができるので、体温低下を防ぐために有効です。少しずつ食べさせましょう。普段のおやつとして使いながら、多めに備蓄しておくと無駄が出ません。もしお湯が沸かせるなら、時々、温かくて甘い飲み物を作って飲ませましょう。

　からだは筋肉を動かすことによっても熱を生み出していますので、たくさん汗をかかない程度に子どもたちに運動させることも、低体温にならないために有効です。運動で血液循環が活発になることもよいことです。これらの方法は低体温症にならないためですが、体温低下が始まって震えが出てきたときには、更に強化する必要があります。

　ここで忘れてはならないのが脱水対策です。寒いとトイレが近くなるのは誰でも経験することですが、寒さへのからだの防御反応の結果です。また、寒いと喉の渇きを感じにくくなって水分摂取量が減ります。被災するとトイレが使いにくくなりますので、トイレに行きたくないために、ますます水分摂取を控えるようになります。このように、冬場の災害では、知らぬ間に脱水が進んでいきます。脱水によって血流量が減ると、低体温がますます悪化することになってしまいます。冬場であっても、定期的な水分摂取は常に意識しましょう。(110ページ「保温・冷却用品」を参照)

(エ)熱中症とは

　低体温症とは逆に、からだからの放熱がうまくいかずに熱が溜まって体温が上昇してしまうことによる体調不良が熱中症です。からだは、暑

い環境に置かれて体温が上がりそうになると、体表の血管を拡張させて血液をたくさん流し、そこから熱を逃がそうとします。また、汗をかいてそれが蒸発するときの気化熱で体温を下げようとします。しかし、高温多湿だとそれらがうまくいかないばかりか、脱水によって血液の流量も減少することで体温が上昇し、様々なよくない症状が出てきます。

　熱中症が始まると、血圧低下と脱水によって気分が悪くなり、痙攣が起こったり手足がしびれたりします（軽症）。さらに進むと、激しい発汗による脱水とそれに伴って塩分を失うことによって、強い倦怠感や頭痛、めまい、吐き気が起こります（中等症）。さらに悪化すると、脳の体温の調節機能が失われて内臓の温度（深部体温）が急激に上昇し、血流が減ることで脳や肝臓、腎臓などにも臓器障害が起き、意識を失って命に危険が及びます（重症）。

（オ）熱中症にならないために

　少しでも蒸し暑さを感じたら、熱中症を頭に浮かべましょう。熱中症指数計（熱中症モニター）が保育施設に1台あると便利です。これは温度と湿度から「暑さ指数（Wet Bulb Globe Temperature, WBGT）」の値を計算して表示するもので（単位は℃で表されます）、25℃以下が熱中症に注意、25〜28℃が警戒、28〜31℃が厳重警戒、31℃以上が危険と判断します。指数計がなくても、単純に室温が25℃を超えたら熱中症に注意し始め、湿度が高いほどそのリスクが高くなると覚えておくとよいでしょう。

　熱中症は低体温症と違って、軽症から中等症までは目立った体温の変化がみられなかったり、発汗によって皮膚はかえって冷たく感じたりする場合があるので、気付くのが遅れがちになります。その他の体調変化にも敏感になりましょう。

熱中症の兆候がなくても、子どもが暑がったら、即座にできるだけ風が通りやすい日陰に移動させ、衣服を脱がせたり緩めたりして、からだから熱が逃げやすくしましょう。からだを濡れタオルで拭いて「うちわ」などであおいで風を当てると、気化熱によってからだを冷やす効果が高まります。アルコールやメンソールを含む市販の紙ボディーシートを使うと、より効果的です。「うちわ」は熱中症対策には有効ですので、保育施設としてお祭り用などの大きめのものを準備しておきましょう。小さな「うちわ」も個人用に役立ちますので、イベントなどで入手したものを備蓄しておきましょう。市販の冷却シートは、体温そのものを下げる効果はわずかですが、額や腋の下、足の付け根などに貼るとひんやりして気持ちがよいので、使ってもよいでしょう。

熱中症予防

　そして、からだの冷却とともに重要なのが水分補給です。子どもの平均体重は1歳児が約10kg、5歳児が約18kgです。子どもが1日に必要とする水分量は、体重が10kgなら1000ml（1リットル）で、体重が1kg増えるごとに50mlずつ増えます。つまり、体重18kgなら1400ml（1.4リットル）です。一日を通して少量ずつ飲ませましょう。喉も渇きを訴えない状態を保てるとよいです。

　軽症や中等症の熱中症では、多量に発汗して急激に脱水になりますので、飲ませる水の量も増えます。ただ、水だけをたくさん飲ませても、からだは脱水で濃くなった血液の塩分が急激に薄まることを嫌って、飲んだ水を汗としてすぐに排出してしまいます。いわゆる「滝のような汗」です。

それを防ぐために、市販の経口補水液か、水1リットルに対して塩を3.5g(小さじの約半分強)、砂糖を20g(大さじ1杯強)溶かしたものを飲ませましょう(軽量スプーンの大さじすり切り一杯が約18g、小さじ一杯が約6g)。WHO(世界保健機関)が推奨する経口補水液(ORS)には、塩化カリウムと重炭酸ナトリウムが加わりますが、一般では扱いが難しいので、塩と砂糖だけで大丈夫です。砂糖は飲みやすくするとともに、塩分の吸収をよくするためです。(110ページ「保温・冷却用品」を参照)

2. トイレは防災のかなめ

2024年1月1日に発生した令和6年能登半島地震の避難状況を見ても、災害避難でいかにトイレが重要かわかります。トイレは一時も我慢できませんし、我慢すべきでもありません。しかも、排泄は人間の尊厳にかかわる行為ですので、どこでもといわけにはいきません。トイレが少ない、あるいは汚くて行きたくない状況

トイレに水を流す

は、人間にとって激しいストレスです。トイレに行けない、あるいは行きたくないなら、人間は水分摂取を減らして尿量を減らすしかありません。そうすると、からだは徐々に水分が少ない状態(脱水)になっていきます。夏は発汗が、冬は寒さによる尿量の増加がそれを助長します。そうすると血液が徐々に濃くなってしまい、健康にさまざまな悪影響が出やすくなります。

子どもたちは、トイレを我慢することなどできません。それどころか、突然の地震による緊張から、すぐにでもトイレに行きたくなります。

断水するとトイレの水タンクに給水できなくなるので、汚物を流せなく
なります。汚物を流すには、用を足した後に、まずバケツ1杯分（8リット
ル程度）の水を便器に直接流し込んで汚物を流し、追加でバケツ半杯
分（4リットル程度）の水を流し、数回の使用に一度は、詰まりを防ぐた
めにバケツ1杯分の水を流すといった方法が推奨されています。

　しかし、災害時には使える水は限られますので、数回分の使用を溜め
てから一気に流す方法を取らざるを得ません。それでも水が足りなく
なったり、トイレが詰まってしまったりした場合には別の方法を使います。

　一般の便器や「おまる」にビニール袋をかぶせて、その中に用を足す
か、簡易トイレに何回か用を足して、いずれも汚物を専用の凝固剤で固
めてからビニール袋をきつく縛って、後で可燃物として処理します。

　災害時のトイレでは手を水で洗えませんので、擦式の手指消毒剤を
使います。1回に2ml程度を使い、両手で手指によく揉み込みましょう。

　外部避難場所で施設のトイレが使えない場合は、段ボール製の簡易
便座や「おまる」を使います。簡易便座は小さく折りたためる様々な製品
がありますので、2個くらい持参しましょう。「おまる」もひとつ持参すると
助かります。また、プライバシーを守る必要がありますので、これも持参
する小型テントの中で用を足すようにします。必要を感じたら消臭スプ
レーを使いましょう。(102ページ「トイレ用品」を参照)

3. お泊り

　お泊りを決めたら、適当な時間に食事や授乳を済ませ、保温と脱水
に注意しながら静かにゆったりとすごしましょう。職員が落ち着かないと、
子どもたちもそれを感じ取って落ち着きません。余震が来て怖がるので、
その都度、ゆったりと声かけをします。子どもたちは精神的にも肉体的
にも強いストレスがかかって疲れていますので、絵本を読んでもよいし、

お泊まり1〜2人に保育士が付く

早めに就寝に入ってもよいでしょう。からだに無理のない体勢で眠らせます。

　冬場は床からの冷えに注意し、複数の子どもたちを一緒にしてタオルケットや毛布などで覆いましょう。頭部にタオルなどを敷いてあげると少し楽に眠れます。園舎内避難の場合、乳児は普段通りの寝具などが使えるので、体温調節だけ注意すれば、お泊りは難しくありません。

　夏場は暑いので、寝付くまでは「うちわ」で静かにあおいであげてもよいでしょう。真っ暗だと怖がるので、ランタンを点灯します。ただ、そのままだと明るすぎてまぶしい場合は、半紙やトイレットペーパーなどを発光部に巻いて光を弱めましょう。蚊が気になるなら、電池式蚊取り機器を準備しておきましょう。

　園舎内であれ園外であれ、お泊り避難で注意しなければならないのは、夜間の子どもの動きです。子どもは夜間に思わぬ動きをします。不安感から夜尿もあるかもしれません。トイレの訴えもしばしばあるかもしれませんが、トイレにも行きたくても暗くてよく見えません。もちろん、トイレ

Ⅲ 安心して避難所で過ごすには？　89

には職員が付き添います。それ以外でも、子どもが集団から離れていかないように注意しましょう。そのためには、すべての子どもが見えるような位置に監視の職員を配置します。

災害避難時のインフルエンザウイルスや新型コロナウイルスの感染対策は、特に必要ありません。感染が起こらないという意味ではなく、通常の保育での感染リスクと変わらないからです。ただ、発熱していたり、咳がひどかったりする子どもがいる場合は、感染症である可能性があるので、職員をひとりか二人配置して、別室でお泊りさせた方がよいかもしれません。それができない場合は、そのような子どもを最も風下に置くとよいでしょう。ウイルスは空気の流れに乗って運ばれやすいからです。

職員は交代で、ひとり１時間くらいずつ、できれば同時に二人で、子どもたちの様子の監視に当たります。トイレに連れていく場合には、他の職員に声をかけて現場の監視役を依頼します。監視当番は、スマートフォンなどを使って、常に災害情報の変化にも注意しましょう。監視当番以外の時間は、遠慮なく寝ることが大切です。必要な時は当番が起こしてくれますので、安心してからだを休めましょう。

翌朝、一斉に起床する必要はありません。起きた順番でトイレを済ませます。みんなが起きたら、体操をして全身を動かし、深呼吸をしましょう。そして、朝食です。その後は、普段の保育と変わりません。ただ、災害情報には常に注意を払いましょう。

もし、園舎内避難が発災の次の日まで長引いて、しかも保育施設の担当部局や運営管理者などに電話連絡がつかない場合には、もちろん街中の安全を確認しながらですが、指定避難場所に出向いて、そこの行政職員に、子どもたちが園舎内避難をしていることをはっきりと伝えしましょう。指定避難場所は、単なる避難する場所としての機能だけではなく、行政への連絡や登録、さらには様々な情報や支援物資を受け

取る場でもありますので、園舎内避難をしていても有効に活用しましょう。

4. 子どもの心を守る

　災害が起こると、子どもはとても怖い思いをします、初めての経験です。すぐには自宅に帰れなくなり、保護者ともしばらく会えません。そのことを子どもは大人のように理解して受け入れることはできませんので、精神的にも肉体的にも強いストレスにさらされます。「小さいからわからないだろう」という認識は間違いで、子どもたちは災害時に経験したことを克明に記憶しているといわれています。

　そこでの頼りは、職員だけです。職員は、普段から子どもと親密に接する仕事ですし、子どもとの信頼関係も厚いので特に心配はいりません。抱っこしてあげたりお話をきいてあげたりといったスキンシップを多めにとってあげることが重要です。自分自身の身体のこと、家族のこと、これからの見通し等、不安は尽きないかと思いますが、自信を持って普段通りの接し方を続けましょう。あまり意識して対応すると、異常な状態であることを子どもたちも敏感に感じ取って緊張してしまいます。「こんなこと、どうってことないよ。先生といっしょにいれば大丈夫だよ」という態度でよいのです。

　外部の避難場所では、より不安が強くなるので、おもちゃ類の他にも、小さなマスコットなど、持参可能で少しでも子どもたちの心を癒せるものを活用するとよいでしょう。

5. 困ったら遠慮なく助けを呼ぼう

　どんなに周到に準備して慎重に実行しても、困ってしまうことはあり得ます。物が足りない、マンパワーが必要、子どもの具合が悪くなった等々、予想外の事態で途方に暮れるかもしれません。そういう時は、がまんし

Ⅲ 安心して避難所で過ごすには？　　91

過ぎずに、周囲に助けを求めましょう。困っていることを具体的に伝え、助けをお願いしましょう。これは園舎内避難、園外避難、どちらにおいても同じです。乳幼児が困っていれば、必ず誰かが助けてくれます。世間はそんなに薄情ではありません。

　また、非常に稀な場所においてですが、保育施設が完全に孤立してしまって、周囲に助けを求めることができない場合があり得ます。そういう時は、空に助けを求めましょう。大きな災害では必ず、自衛隊などのヘリコプターが状況偵察に上がります。マスコミのヘリコプターも飛びます。そういったヘリコプターを見つけたら、懐中電灯（LEDライト）をそれらの機体に向けて点灯し、点滅させたり軽く振ったりしてこちらの存在を示します。できれば、複数のライトで照らしましょう。乗務員は常にこちらを見ているわけではないので、ヘリコプターが見えているうちは、ずっと照らし続けましょう。助けてほしい内容は、園庭や大きな紙にできるだけ太くて大きな文字で書きましょう。「SOS　保育園　子どもケガ」など、具体的かつ簡潔に書くことがコツです。

6. 避難場所での犯罪被害を防ごう

　残念なことですが、災害の避難場所は１００％安全な場所ではありません。窃盗、ハラスメント、そして性犯罪に注意する必要があります。

　保育施設の避難で窃盗に注意が必要なのは、職員個人の財布などの貴重品が主です。ポーチなどに入れて常に身に着けるようにしましょう。名簿など秘匿性の高い避難携行物品も、常に目が届いて、しかし保育施設避難エリア外から手を伸ばしにくい場所に、目立たないように保管しましょう。

　普段の保育施設の運営でも経験することが多いですが、子どもたちの声や行動に対する周囲からの苦情もあり得ます。特に災害の避難場

避難時の犯罪。常に2人体制で

所では様々なストレスが溜まりやすいので、そのような可能性が高まります。それらに対して普段通りの簡単かつ常識的な謝罪の言葉や、可能な範囲での子どもたちの行動抑制で十分ですが、ハラスメントと感じるような過剰な言動などを受けた場合は、遠慮せずに避難場所の管理担当者や警察官などに相談しましょう。

保育施設職員は女性が多いので、性犯罪に警戒しなければなりません(もちろん、性犯罪被害は女性に限ったことではありませんが)。実際、近年の大災害による避難では、多数の性犯罪被害事例が報告されています。とんでもないことですが、その標的は子どもたちも含まれます。

常に周囲に警戒の目を向け、不審な行動(写真を撮るなどを含む)や不自然な視線を感じたら、ただちに職員全員で情報を共有するとともに、避難場所の管理担当者や警察官にも情報を提供して相談しましょう。特に2回以上、そのような異常を感じた場合には、決してそのままにしてはいけません。ただ、直接に対象者に注意したり抗議したりすることは

III 安心して避難所で過ごすには？　93

避けましょう。

　職員が他人の目のある状況で絶対に着替えなどをしないことは当然ですが、乳幼児も男女を問わず、人目に触れる状態で着替えやオムツ替えをさせてはいけません。必ず、目隠しのために、持参したテントや段ボールを使いましょう。そのような時には、複数の職員で周囲に警戒の目を向けます。

　また、たとえそれが善意の申し出に思えても、保護者以外の人間には絶対に子どもを渡さない、触れさせないことが重要です。

　職員がトイレに行くときは、後をついて来たり、トイレ周囲に留まっていたりする不審な人がいないかに注意します。少しでも不審を感じたら、場所と時を変えましょう。夜間は必ず二人で行くことを徹底します。

　子どものトイレに職員が同行することは当然ですが、夜間は二人の職員が同行して、一人がもうひとりの安全を確保するようにしましょう。

　緊急時に備えて、職員全員が笛や防犯ブザーを常に携行します。少しでも危険を感じたら、躊躇なく笛を吹いたり防犯ブザーを鳴らしたり、大声で叫んだりして助けを呼びましょう。

7. 保護者への引き渡し

　警報が解除され、街中がある程度落ち着いたら、保護者にお迎えをお願いします。スマートフォンが通じれば、その情報を流します。子どもの引き渡しは、園舎内避難であればその場で、外部避難場所に移動している場合は、原則、現地での引き渡しになります。そのために、事前に外部避難場所がどこかを伝えておきます。また、後述するような引き渡しの間違いを防ぐために必要な物品も忘れずに持参します。

　子どもの保護者への引き渡しは、間違いが許されません。普段の通園では、子どもたちはほぼ決まった保護者と一緒ですので、職員側も子

94

どもの顔と保護者の顔が一致し、間違いは起こりません。しかし、災害避難後の引き渡しでは、普段は子どもと来園しないような保護者や親族などがやってくる可能性があるので注意が必要です。間違いを防ぐには、確実に子どもの親族であることを確認できる仕組みを普段から作っておくとよいでしょう。

　一例を紹介します。保護者は園が発行するひと目でそれとわかるカードに自分の名前を書いて、普段の送迎のときにそれを首から下げています。カードは保護者にしか発行しないので、そのカードを下げていれば、新人の職員でもそれが園児の保護者であることがひと目でわかりますし、書いてある名前を見れば、どの子の保護者かもわかります。

　平時にはカードなどなくても本人確認はできます。しかし、災害避難の引き渡しを確実に行うために、その仕組みに普段から慣れておくのです。

　カードは、各家庭に何枚か余分に配布されています。災害時の子どもの引き渡しで、いつもの保護者ではない親族が迎えに来るときは、このカードに名前を書いて首から下げてきていただきます。もちろん、引き渡しに際しては、来られた親族に子どもの名前を言っていただくとともに、子どもにも来られた親族が知っている人かを確認してもらいます。

　もし、カードを持たない人が迎えに来られた場合は、保護者に電話やメールなどして間違いなく子どもの親族や関係者かどうかを確認し、子どもをお渡ししてよいかを判断します。もし確認が取れなければ、子どもをお渡しすることはできません。これらの仕組みは、事前に保護者によく説明して理解しておいていただく必要があります。（協力：学校法人お東学園お東幼稚園）

　保育施設は、普段から子どもの引き渡しについては十分に注意して

いますし、それぞれのやり方を持っていますので、慣れた方法でよいです。大事なことは、絶対に身元が確認できない人に子どもを渡さないということです。避難の最終段階でホッとする気持ちもわかりますが、気を引き締めて避難を終了しましょう。

保護者へ引き渡し

8. 職員と家庭

　園児が帰宅できないような災害では、職員も帰宅できなくなります。職員も被災者です。家族や家庭が心配で帰りたい気持ちはわかりますが、子どもたちの保護者が来られないような状況で無理に帰宅しようとするとかえって危険です。長くても3日間なので、そのような場合はどうするかを、事前に家族で話し合っておきましょう。また、3日間くらい帰宅できずに園舎や避難場所で生活するのに必要な個人用物品を、普段から園舎に準備しておくようにしましょう。

　職員にも家族がありますので、避難中は心配です。遠慮なく交代で家族とスマートフォンなどで連絡を取りましょう。緊張が続くため、随時の

ストレス緩和が必要です。

　引き渡しが完了したら、丸一日、保育施設をお休みしましょう。お泊り
をしなければならないような大きな災害では、すぐに保育施設を開園す
るのは困難ですので、閉園中はできる限りからだと心を休めます。職員
は十分にがんばったので、休息が必要です。ご家庭のこともあります。絶
対に無理をしないことが大切です。また、災害対応では職員に激しいス
トレスがかかり、その影響が時間をおいて出てくることがありますので、
1，2か月は意識してからだと心を休めるようにしましょう。不調が改善
しなければ、躊躇なく医療機関を受診しましょう。

9. 在宅中に発災したら

　災害は、職員が施設にいるときに起こるとは限りません。それどころか、
単純時間計算では、自宅など施設以外にいるときに起こる可能性がは
るかに高いです。その時、あなたはどうするでしょうか。すぐに思い浮か
べるのは保育施設のことかもしれません。その無事を確かめたくて、駆
け付けようとするかもしれません。

　でも、それはダメです。まずは自分の身の安全を図ることに全力を上
げなければなりません。なぜなら、地震にしろ大雨にしろ、その時はまだ
発災中で、街中は危険がいっぱいだからです。特に夜間は治安も悪化
しますので、絶対に動いてはいけません。

　最近、少し見直しが進められつつありますが、病院や行政などの職員も、発
災時に非常参集が求められることが多いです。お立場やお気持ちはわ
かりますが、非合理で非人道的な危険行為と言わざるを得ません。保育
施設職員を含めて、みんな、スーパーマンでも救助隊でもないのですから、
まずは自分と家族の安全を確保することに集中して、その後に街中の安全
が少し見通せるようになってから、施設の様子を見に行くようにしましょう。

Ⅲ 安心して避難所で過ごすには？　97

10. いつ保育施設を再開するか

　大きな災害になると、職員や園舎に被害が出て、保育施設の開園ができなくなってしまうことがあります。一日も早く再開したいですが、それにはいくつかの条件があります。

　ひとつは、園舎の安全が確認されることです。建物の安全度（危険度）の判定には3つの段階があり、行政の指導によって進められます。

　①応急危険度判定：地震からなるべく早い時期に、建物の倒壊や部材の落下などによる建物の使用者に対する二次被害を防ぐために公共団体が行う調査です。大地震の場合は、少なくともこの調査で園舎の安全が確認されないと保育の再開ができません。もし、保育施設の知り合いに応急危険度判定ができる資格をお持ちの方がおられるなら、事前に緊急時の対応について相談しておきましょう。

　②被災度区分判定：建物にどれくらい耐震性能が残っているかを明らかにして、引き続き使用できるかどうか、引き続き使用するにはどのような補修・補強をしたら良いかを専門家が調べて判定を行い、今後の方針を決めます。この判定で、補修・補強が必要と判定されると、それらが完了するまでは園舎の使用をできるだけ控えることが必要になります。

　③建物の罹災証明：被災者生活再建支援法等による被災者への支援や税の減免等を被災者が申請するために必要な家屋の被害程度を市区町村長が証明するものです。被災者本人が申請して発行されます。

　もうひとつは、子どもたちをどれくらい受け入れることが可能かです。被災すると、様々な事情で職員の数も、園児の数も減ってしまうことがあります。保育施設を再開するなら、少なくとも被災前に在園した子どもたちのうち、希望する子どもは受け入れる必要があります。保育施設側の都合で、それらの子どもたちの受け入れの可否に差をつけることはできないからです。もしそれができないならば、再開は難しいでしょう。希

望者に対して受け入れられない人数が出るにもかかわらず開園するなら、他の保育施設間で調整してやりくりする方法もありますが、保護者側の同意も必要です。被災後のきびしい状況の中で保育を維持するには、できるだけ保育内容を減らして、少ないマンパワーでも可能にします。

とにかく、過度な無理をしないことが大切です。保育職員は使命感が非常に強いですが、自分の健康や組織が壊れてしまっては元も子もありませんので、物理的にできないものはできないと割り切ることも必要です。

11. 子どもへの中・長期的な影響

被災や避難の経験は、大人にとっても一生に一度あるかの経験であり、心身に様々な影響が出ますが、子どもにも大きな影響を及ぼすことが知られています。しかも、それは被災直後よりも、中・長期的な時間の流れの中で現れてくることが多いとされます。急に情緒不安定になる、些細なものごとに怯える、甘えが強くなる、被災ごっこを繰り返す、夜尿をする、お友だちをいじめる等々、被災前には見られなかった行動や反応が被災から数週間から数か月後に起こってきて、驚くことがあるかもしれません。

しかし、これらの子どもたちの行動や反応は異常なことではなく、自然なことです。大きな災害の被災の体験は、子どもたちの心身にとって非常に大きな心的外傷です。子どもたちは、それらを大人のように短時間で上手に治すことができません。自分の心とからだで試行錯誤を繰り返しながら、成長の中で少しず治して乗り越えていきます。その過程で必然的に現れてくるのが、今までにはなかった行動や反応なのです。

そこで大切なのは、保育職員が子どもたちと十分なスキンシップを取りながら、子どもたちの味方であること、子どもたちを信頼していることを、ことあるごとに示してあげることです。もちろん、明らかに問題と思え

III 安心して避難所で過ごすには？　99

る行動については、専門家に相談してもよいでしょう。しかし、基本は決してあせらず、驚かず、よく話を聴きながら、やさしく見守ってあげることです。そうすることによって、子どもたちは安心し、自己肯定感を得ることができて、困難を乗り越えて成長していきます。

IV
事前準備

1. 避難物品と考え方

　災害による避難は平時とは全く異なる状況なので、普段は使わないような物品が必要になります。また、普通はやらない方法で使わなくてはならないこともあります。非常時のために物品を準備することを備蓄といいます。ただ、たくさんあればよいというわけではなく、目的や使い方を知って、必要なものを必要なだけ準備すればよいのです。もちろん、もしもを考えて2割程度多めにすることは必要です。

（ア）トイレ用品

　保育施設や外部避難場所のトイレが使えない場合に備えての簡易トイレとして、簡易便座、おまる、汚物を溜める簡易トイレ用ビニール袋、汚物を固める凝固剤を用意しましょう。何回か用を足したら、汚物を専用の凝固剤で固めて、ビニール袋をきつく縛って、後で可燃物として処理します。

　簡易トイレ用ビニール袋は1枚で500ml程度の排泄物を溜められます。凝固剤は様々な製品が販売されていて、1回で500ml程度の水分を凝固させることができます。1回分ごとに小分けされていて、100回分で3,000〜5,000円程度です。

おむつ1日8枚必要

子どもの尿量は年令によって変わりますが、保育施設全体として考えると、ひとりが1日約6回、1回約80ml、1日約500ml、便は約100gですから、子どもひとりにつき1日に簡易トイレ用ビニール袋1枚と凝固剤1個が必要です。子どもが100人いれば、1日にビニール袋100枚、凝固剤100個程度使います。どちらも100回分を単位として市販されており、それほどの容積は取りません。簡易トイレは使い方にコツがあるので、平時に一度は実際に経験しておきましょう。

　避難場所のトイレは、トイレットペーパーが無かったり少なかったりするので、必要量を必ず持参しましょう。保育施設として1日に使う量を普段から把握しておきましょう。消臭スプレーも1本あると重宝します。

　擦式の手指消毒剤も必要です。両手を使って手指によく揉み込みます。子どものトイレ回数は1日6回、1回2mlの消毒剤を使うので、1日に子どもひとりは12mlの消毒剤を使います。500ml入り消毒剤は約40人の1日分です。100人なら1日に2.5本必要です。3日間分くらい備蓄しましょう。

　行く可能性のある外部避難場所のトイレ事情（個数や災害時の準備状況など）は、事前に調べておきましょう。

　おむつは、3日分程度を準備しておきましょう。赤ちゃんは1日の排泄回数が多いので、ひとりが1日約8枚、3日間で約24枚必要です。

（イ）調理器具

　保育施設の避難は長くても3日間程度なので、基本的には調理の必要ないものを食料として備蓄します。電気やガスなどのエネルギーが止まるので、通常の調理器具が使えないからです。でも、つらい避難生活の中で、回数や量は少なくても暖かいものを食べたり飲んだりできるとホッとします。また、ミルクを温める必要もありますので、簡単な加熱調

加熱調理器具を
準備しておく

理器具を準備しておきましょう。

　キャンプ用品として様々な種類の加熱調理器具(ストーブ、コンロ)が販売されています。価格は8,000円〜15,000円程度です。ガスが最も火力が強力で、よく使われていますが、扱いに慣れないと少し怖いかもしれません。また、ガス缶も劣化するので7年程度の使用期限があり、処理も面倒です。

　保育施設で最適なのはアルコールを燃料とする調理器具です[例えば、大木製作所(株)の「アルポット」]。火力は強くありませんが、二合程度の炊飯はもちろん、お湯を沸かしたりスープを煮たりできます。燃料アルコールの価格も安く(500ccで500円程度)、薬局などでも手に入り、長期の保存もできます。ただ、アルコールの炎は明るいところで見えにくく音もしないので、火傷に注意が必要です。大量の調理はできませんが、ひとクラスに1台あると、少量ずつ温かいものを子どもたちで分け合うことができます。災害時、家庭でもこうした簡単な加熱調理器具がひとつあると、特別な防災専用食料などなくても、普段の食材を使って食生活を継続することが可能です。

　本当は、プロパンガスが災害時の備蓄燃料として優れています。怖いイメージを持つかもしれませんが、ガスは酸素と混合してはじめて爆発

するので、ガスボンベ自体が爆発することはありません。室内に保管する場合は8kg以内という制限がありますが（室外は制限なし）、それだけあれば3日間の保育施設の避難生活には困りません。カップリング付き調整器がついたボンベとコンロであれば、自分で接続と取り外しができます。検討されることをお勧めします［詳しい説明は、例えば、ELG（株）：https://www.elg-inc.jp/about/outline.php］。

（ウ）予備バッテリーとソーラーパネル

　情報端末であるスマートフォンのバッテリーが切れると、現代人は途端に心が平穏ではいられなくなります。常に充電しておくことは大切ですが、内臓バッテリーは使っているうちに徐々に劣化して充電量が低下し、消耗も激しくなります。災害が起こると配電が止まりますので、通常の電源からの充電ができません。外付けバッテリーを準備しましょう。数万円を超えるような大型の非常用電源までは必要なく、小型のモバイル・バッテリーで十分です。できれば、スマートフォンを3〜5回満充電できる容量のものを選びましょう。ただ、使わなくても徐々に蓄電量は減りますので、1週間に一度くらいは満充電にすることを習慣にしましょう。

　モバイル・バッテリーの電気も使えば減るので、何らかの手段で充電しなければなりません。ひとつの手段は、小型のモバイル・ソーラーパネルです。太陽光を当てて発電させ、バッテリーに充電する方法です。スマートフォンへの直接充電もできます。晴天であれば、3〜5時間程度でモバイル・バッテリーを満充電できます。曇っていると充電できませんが、ひとつあると有用です。

　もうひとつは手回し発電機です。小型なのでバッテリーの満充電はできませんが、短時間の通話やLINEなどのSNSに短い文章を送る程度の電気は作れます。こちらは天候に左右されないので、ひとつあると安心です。

（エ）食べ物

　人間は子どもたちを含めて体脂肪や内臓脂肪としてエネルギーを溜めていて、非常時にはそれを徐々に糖に変えて使うことができますので、1週間程度何も食べなくても餓死することはありません。でも、おなかがすくとつらいですし、体温を保つためにもすぐに使えるエネルギーが必要なので、避難では備蓄食料が必要です。

　保育施設の災害避難では、園舎内であっても外部避難所であっても、食べ物は、基本的にはお菓子がよいです。ある程度、保存期間が長くて普段からおやつとして使いまわしができるものが最適です。そうすれば、備蓄の管理の手間が省けてコストパフォーマンスもよいからです。それでも賞味期限切れが多く出そうなら、保育施設の行事で消費して調整しましょう。

　手を汚さずにみんなで分け合って食べることができるスナック類で、甘いものと甘くないものを準備します。調理や加熱の必要がなく手や衣服を汚さないものがよいです。

　保育施設の避難の時間は長くないので、お菓子の栄養バランスに注意する必要はありません。アレルギーや疾病のある子どもには、それに適合した食べ物を準備します（専用の食品や専門店があります）。その時初めてのお菓子はリスクがあるので、保育施設で普段から食べ慣れているものを使いましょう。

　お菓子はそのまま食べてもよいですが、ある程度細かく砕いて水でふやかすと食べやすくなりますし、同時に水分摂取もできます。お菓子を袋のままつぶして、一人分ずつ使い切り紙カップに分け、適量の水を注いでふやかして使い切りスプーンで食べます。どのようなお菓子を水でふやかすとおいしく食べられるか、普段から試しておきましょう。

　ただ、お菓子ばかりでも飽きるので、レトルト食品や缶詰食品などを使ってもよいでしょう。コストが高く、管理もむずかしいので、一食程度

に留めましょう。もし、加熱調理器具が使えるなら、一食くらいは温かいものを食べたり飲んだりしましょう。精神的にとても楽になります。

避難中は水道が使えないことが多いので、使い切りの小型の紙カップや深めの紙皿に配分し、手づかみや使い切りスプーンで食べます。容器は毎回廃棄します。食事の前には、擦式の手指消毒を忘れずに実施しましょう。

（オ）飲み物

子どもが1日に必要な水分量は、体重が10kg（1歳前後）なら約1リットルで、体重が1kg増えるごとに50ml増えるので体重20kg（5歳前後）なら約1.5リットルです。大人は体重60キロなら約2.5リットルです。0〜5歳児が在園する保育施設としては、職員を含めてひとりが1日1.5リットルとして計算して3日分を準備しましょう。避難生活はストレスが大きいので、水に溶かして飲める粉末飲料も準備して、一度くらい飲ませるとホッとします。

水はペットボトルで備蓄します。賞味期限が記載されていますが、水（H_2O）は何万年経っても腐ることはないので、ペットボトルの耐用年数です。ポリエチレンテレフタレート（Polyethyleneterephthalate、PET）という樹脂でできているのでペットボトルと呼ばれますが、経年劣化が避けられません。ただ、内部の水に有害物質が溶け出るわけではないので、ヒビが入って漏れていたり、水が濁っていたりしなければ、記載された賞味期限を越えていても飲めるので、廃棄する必要はありません。賞味期限が来てしまって新しいものを購入しても、置き場所に余裕があれば保存を続けましょう。置き場所に余裕がなければ、賞味期限前に消費してしまいましょう。

外部避難場所に避難する場合は、必要な水を持参する必要がありま

すが、1日に必要な量は、子どもひとりが多めに1.5リットルとすると、100人いれば150リットル（500mlペットボトルで300本分）、3日間で450リットルにもなってしまいます。これらすべてを保育施設の職員が運搬するのは不可能です。水は指定避難場所に備蓄されている場合が多いので、確実に使用可能な量について事前に行政に確認しておきましょう。もし足らなければ、子どもたちの移動とは別に、自分の保育施設や協力が得られる周囲の保育施設から運びましょう。とりあえず、最初に子どもひとりにつき500mlペットボトル1本分の水を持ち込みましょう。

（カ）ミルクとカップフィーディング

　保育施設には乳児がいます。粉ミルクや、最近使われるようになってきたキューブミルクからミルクを作るには70℃以上に加熱しての殺菌が必要なので、お湯を沸かさなければなりません。哺乳瓶も使うごとに殺菌と洗浄が必要です。これはエネルギーや水の供給が停止した避難でも同じです。ですから、粉ミルクを使うのでしたら、お湯を沸かす調理器具と使い切りの哺乳瓶が必要です。（103ページ「調理器具」を参照）

　しかし、2018年に液体ミルクの販売が認可されて状況が改善しました。液体ミルクは粉ミルクに比べて価格が2倍以上しますが、殺菌の必要がなく、そのまま使えます。ただし、開封したら保存はできず、飲み残しは廃棄する必要があります。紙パックでは半年、缶タイプでは1年の常温保存が可能ですので、保育施設にとっては災害用に必須の備蓄品です。保育施設の災害避難は、一般の避難所避難とは違って、最長で3日間に必要な量を備蓄すれば十分です。

　加えて、「カップフィーディング」という授乳方法を使えば、哺乳瓶の必要がなくなります。市販の使い切り紙カップを使ってミルクを飲ませる方法で、海外では一般的ですが、日本ではまだあまり普及していませ

カップ・フィーディング

(協力:愛知県立大学看護学部)

赤ちゃんを膝に乗せ、やや縦抱きになるような姿勢にします。

ミルクの入った紙カップを手に取ります。こぼれてもよいようにタオルなどを敷きます。

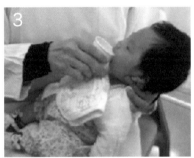

カップを赤ちゃんの下唇に上に乗せ、カップの縁が上唇の外側に触れるようにします。

カップの中のミルクが赤ちゃんの唇に触れるくらいにカップを傾けて保持し、赤ちゃんが自分で飲むようにします。

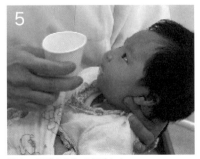

時々、休憩を入れてあげます。

カップと飲み残しは、毎回必ず廃棄します。

Ⅳ 事前準備

ん。市販の使い切り紙カップが赤ちゃんに有害な細菌に汚染されていることはまず考えられません。確かに付着している細菌はゼロではありませんが、赤ちゃんは普段から環境に存在するたくさんの細菌にさらされていますので、それよりも危険ではないという意味です。この方法は、生後2か月くらいの赤ちゃんから可能です。

①液体ミルクを紙カップの3分の1くらい入れてテーブルの上に置きます。

②赤ちゃんを膝に乗せて、やや縦抱きにして片手で頭を支え、液体ミルクの入ったカップを反対の手に持ちます。

③カップを軽く下唇に当て、カップをゆっくり傾けて静かに唇にミルクを触れさせます。

④赤ちゃんが飲み始めたら、その速度に合わせてカップを少しずつ傾けます。

⑤赤ちゃんが苦しくならないように、少し飲んだらカップを唇から離し、休ませましょう。

⑥休ませているときに、こぼれたミルクをふき取ってあげましょう。

⑦飲み終えたら、残ったミルクとカップを廃棄します。飲み残しを保存しないようにしましょう。

(キ)保温・冷却用品

災害では電気や都市ガスなどが停まりますので、暖房や冷房ができなくなります。人間は環境の温度変化に影響されないように体温を調節できる恒温動物ですが、それでも限界があります。子どもは調節の力が小さいので補助してあげる必要があります。

冬場は使えるだけの衣服を着せますが、熱を逃がさないために、複数の子どものからだをまとめて覆う大きめの毛布やタオルケットなども有

用です。大きさや枚数を事前に計算して準備しておきましょう。普段の収納や外部避難場所に持ち込む時にかさばらないように、圧縮袋などに入れて空気を抜いてできるだけ小さくしておくとよいでしょう。登山やフィールドスポーツで使う薄い緊急保温シート（例えば、SOL社のエマージェンシー・ブランケット）なども有効です。

　おしりが床に直接触れて冷たい思いをしないようにするために、シートやマット、座布団、段ボールなどを敷くことも必要です。防災頭巾もこの用途に使えます。床は子どもたちが触れていても温まることはないので、そこから体温がどんどん奪われてしまうことを防ぐためです。

　使い切りカイロは寒さ対策に効果的です。ホームセンターなどで30〜50個程度の大箱で販売されているので、子どもひとりにつき1日2枚として準備しましょう。使い切りカイロは12時間程度使用でき、からだを温めるだけでなく、食品やミルクなどを温めることもできます。

　暑さ対策のためには、「うちわ」を準備しましょう。皮膚をあおいで汗を蒸発させ、その気化熱で体温を下げるために有効です。個人用の小さな「うちわ」と、まとめて複数の子どもたちをあおげる大きな「うちわ」があると役立ちます。大きな「うちわ」はお祭り用として市販されています。

　また、からだの冷却を助けるために、市販の紙製のボディーシートが有効です。アルコールやメンソールを含むので、これでからだを拭くと気化熱による冷却効率が得られます。ひとりあたり1日3〜5枚程度使えるように準備しましょう。30〜50枚パックが市販されています。発熱時に用いる「熱さましシート」は、体温を下げる効果はあまりありませんが、ひんやりして気持ちがよいので、準備しておいてもよいでしょう。

　もしもの場合に行こうと考えている外部避難場所の環境条件は、事前に詳しく調査しておきましょう。特に冬の寒さと夏の暑さがどれくらいなのかは、実際に訪れて調べておく必要があります。温度管理やトイレ

について、管理者によく聞いておきましょう。

　また、雨の中の外部避難の場合には、子どもたちや物品を濡らさないための傘、レインコート、シートなどが必要となります。子どもたちは濡れてしまうと急激な体温低下を起こすので、着替えも必要です。

(ク)照明機器

　停電してしまうと、夜は真っ暗になって子どもたちがこわがります。職員による子どもたちの見守りにも支障が出ます。乾電池式の照明機器は必須です。充電式は停電で使えなくなるので不向きです。ひとつは、保育室全体を照らせる明るさ（800〜1000ルーメン程度）をもつランタンタイプの照明機器です［例えば、GENTOS（株）のLEDランタン電池式1,000ルーメン］。2段階以上で明るさが変えられて、床に置くだけでなく天井から吊るせるタイプがよいでしょう。園舎内避難では、各部屋に1台必要です。外部避難場所では、子どもたちがいるエリア全体で2台程度が適当です。

　また、トイレなどで子どもを移動させたり、職員が動き回るために、手持ちの小型の懐中電灯タイプのライト（単3電池）をすべての職員が持つ必要があります。なお、乾電池は使用推奨期限があり、マンガン乾電池で2年程度、アルカリ乾電池で5年程度です。乾電池には、たいてい「二桁の月−西暦」で推奨使用期限が示されていますので、それを過ぎたら交換しておくと安心です。

(ケ)運搬用品

　園外への避難では、乳児や物品を運ぶために、カートなどの運搬用品があると便利です。予想外に多くの物品が必要になるからです。普段から使用しているお散歩用のベビーカー（ワゴンカー、キャリアワゴン）

はもちろんですが、100kg程度まで搭載できるキャンプ用の折り畳み式キャリアカーが数台あると便利です。普段、お散歩や遠足など、園外で物品を運ぶときにも役立ちます。できれば大きめの車輪がついていて実績のある製品が使いやすいでしょう。

　乳児を抱っこして運ぶためのベビーキャリア（だっこひも）や乳母車も必須です。普段から使っていると思いますが、災害時には同時に複数の乳児を運ぶ必要があるので、数に余裕があると助かります。使いやすいものを選びましょう。

　外部避難場所に移動する場合は、子どもたちと同時にかさばる物品を運ぶのは大変です。子どもたちとは別に数回に分けて運びましょう。そういった労力を避けるためにも、できるだけ保育施設から近い外部避難場所を選択する意味があります。

　津波浸水で長時間水が引かない可能性がある地域では、空気で膨らませるゴムボートがひとつあると便利です。2人乗り程度の大きさで、丈夫なものがよいです。保管したままだと劣化するので、普段は子どもの水遊びなどに活用しましょう。

（コ）小型テント

　園舎内避難では必要ありませんが、外部避難場所では、子どもたちの着替えや、からだの清拭、おむつ替えなどのプライバシーを保護するために、簡易テントを準備しておきましょう。夜泣きがひどい場合にも、小型テントの中に入ると周囲への気兼ねを少なくできます。小型テントは、アウトドア用品として様々な種類が販売されていますが、二人用程度の大きさで自立式・吊り下げ式の製品が使いやすいです。重量は2kgくらいで、小さく折りたためます。価格は2万円程度です。フライシートというテントの外側を覆うカバーも購入すると、遮音性や外からの見えにく

さが高まります。テントの支柱をガムテープで床に固定します。難しくありませんが、組み立て方にコツがあるので、事前に練習しておきましょう。

(サ)情報システム

情報端末としてのスマートフォンは必須ですが、基地局の機能が停止すると使えなくなり、情報が得られなくなるので、乾電池で動く小型ラジオは必ず用意して、普段から使い方に慣れておきましょう。また、スマートフォンとラジオどちらにもイヤホンを準備しましょう。特に外部避難場所では周囲にストレスを与えないために必須です。耳栓としても使えます。

「LINE」は災害時に使える可能性が高いので、職員用、あるいは職員と保護者を含めた保育施設全体用など、災害時とその練習時だけ使用するグループを組んでおくとよいでしょう。

スマートフォンを災害時に使うには、予備バッテリーも必須です。停電する可能性が高いからです。予備バッテリーは突然必要になるので、普段から充電の管理を習慣にしておいて、災害避難で持ち出すときには満充電になっているようにしましょう。スマートフォンを2〜5回くらい満充電できる容量のモバイル・バッテリーがよいです。スマートフォンとバッテリーとの接続ケーブルも忘れないようにしましょう。

(シ)病院

医療的な処置が必要な事態も起こりえます。災害時なので、診てもらえる可能性は高くありませんが、ゼロではありません。保育施設だけでなく、予定している外部の避難場所の近くのクリニックや病院の場所と電話番号を事前に調べて、リストにしておいたりスマートフォンにメモしたりしておきましょう。内科、小児科、外科、耳鼻科、眼科などです。

もし、外部避難場所で医療的な処置が必要になった場合には、避難者の中の医師や看護師を探しましょう。管理者にお願いしてもよいし、緊急の場合には、「お医者さんはいませんか？ 看護師さんはいませんか？ 子どもが急病です」と叫んでもよいです。遠慮は要りません。

(ス)その他

ゴミ袋：園舎内避難でも園外避難でも、使い切り物品やおむつなどの廃棄物が普段によりはるかに増えますので、それらを入れるゴミ袋は必需品です。簡易トイレで固めた汚物も入れるので、園外避難では多めに持参します。その地域で指定されている45リットルサイズのものを準備しましょう。

おむつ、生理用品：災害時にはお店が閉まってしまい、買いにも行けません。お店が開いても品薄になりますので、普段から余裕をもって5日間分程度を備蓄しておきましょう。

からだ拭き紙シート：全身を1回で清拭できるような使い切りの「からだ拭きペーパー（紙ボディーシート）」が市販されています。避難ではお風呂に入れません。特に夏場はつらいので、準備しておくと少しさっぱりできます。気化熱を利用した熱中症対策にも使えます。

バール：大きな地震では、園舎が歪んで扉が開かなくなったり、倒れた物品に人が挟まれたりすることがあります。人の腕力だけではどうにもならないときに、バールを使うと「テコの原理」でうまくいくかもしれません。普段の保育でも役立つことがあるので、職員が扱える範囲で大き目のものを準備しましょう。子どもがいたずらしない場所にカバーをかぶせて保管します。

固定用品：非常時には、いろいろなものを固定したり修復したりする必要が出てきます。結束バンド（異なる長さを数種類）、ロープ（直径5mm

で10m)、布粘着テープ（荷造り用ガムテープ）、セロテープなどを準備しておき、外部避難に持ち出すと重宝します。

蚊取り機器：夏場のお泊り避難では、暑いので窓を開けて風を通す必要があります。そうすると蚊が入ってきてしまうので、部屋にひとつ電池式の蚊取り機器があると役立ちます。使用期限（数年）があるので、毎年確認して必要なら交換しましょう。

救急用品：保育施設で医療的な措置が必要になるのはケガが主です。切り傷や擦り傷が多いので絆創膏類（バンドエイドなど）や清浄綿は必需品ですが傷が小さく出血が止まれば、絆創膏を貼らずに開放でも大丈夫です。傷口は水で洗えば十分なので、消毒薬は必要ありません。

　可能性は小さいですが、骨折もあり得るので、固定のために三角巾（風呂敷でも可）も必要です。三角巾はいろいろな用途に使えます。テーピングテープやとげ抜きもあると便利です。そして、忘れてはならないのは、薄手の使い切りビニール手袋です。ケガの手当てや排泄物の処理など、災害時に限らず、普段の保育でも感染対策が必要な時に必須です。1パック100枚程度の製品が市販されています。

　内服薬やエピペン等を施設で預かっている疾病やアレルギーのある子どもがいるならば、園外避難の際に必ず持参しましょう。

おもちゃ：園舎内避難では不自由しませんが、外部避難場所ではおもちゃの持参が重要です。子どもたちの心を守るためです。大きなものや数多くは持っていけませんが、積み木、パズル、お絵かき道具、絵本、折り紙など、コンパクトにまとめることができて、年齢に応じて静かに遊べるようなものを選びましょう。

2. もしもし巾着

　子どもの個人用の物品は各子ども別にワンセットとしてまとめておくと使いやすいです。外部避難場所に移動する場合、必要とされる物品を職員だけですべて運ぶことはできません。2歳半くらいの年齢になると、ある程度の重さの荷物を背負うことができますので、自分用の物品を運んでもらいましょう。小さなリュックや巾着に物品を入れて背負います。これを「もしもし巾着」と呼んでいます。

　中に入れる物品は、①着替え2組（パンツ、シャツ、靴下）、②上着1着、③手袋1組、④タイツ1足（保温用）、⑤タオル2枚（35×80cm程度）、⑥使い切りカイロ2個、⑦マスク2枚、⑧ポケットティッシュ2袋、⑨ゴミ袋2枚、⑩300cc程度の水パック1個、⑪それぞれの子どもが好きな菓子の小袋2個（甘いものと塩辛いもの、溶けないもの）、⑫薬が必要な子どもは3日分（職員が管理）、⑬それぞれの子どもが好きな小型のマスコット1個などです。避難想定は3日間（発災日を1日目として2泊）なので、基本的に2回

●もしもし巾着の内容
防水のためにファスナーつきのビニール袋に入れてから巾着に入れる

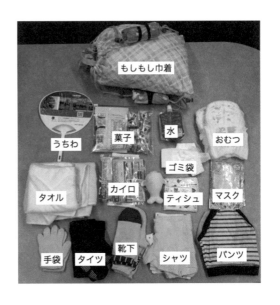

の着替えで計算します。1日ごとに着替えをしなくてもよいですが、濡れた場合の着替えとしても使います。

これらを防水のためにファスナー付きのビニール袋（ジップロックなど）に入れ、できるだけ空気を抜いてから巾着や小型のリュックに入れて準備します。巾着の紐は細くて背負う時に痛いので、小型タオルなどを巻いてクッションとすると楽になります。名札を付けて、持ち出しのときに個人を間違えないようにしましょう。巾着には、ジャンバーなどの上着をかぶせておいてもよいです。特に薬に関しては、必ず子どもの名前と服用すべき薬の名称と1回の服用量を確認しましょう。それらの情報は事前に保護者から取得してリストにまとめておいて持参します。薬は間違いが許されないので、「もしもし巾着」に入れずに、職員がまとめて持参してもよいでしょう。

もしもし巾着は、災害の外部避難場所への移動だけでなく、ゲリラ豪雨などで帰宅が困難になってお泊りになる場合にも役立ちます。(162ページ「もしもし巾着チェックリスト」を参照)

3. 止血法と初期消火

ケガによる出血を止める方法と、火災を初期の段階で止める方法は、職員が確実にマスターしておかなければならない技術です。失敗すると重大な結果につながってしまうので、避難訓練のたびに練習しておきましょう。

(ア) 圧迫止血法

災害時にはケガをして体内の血液を急速に失うと出血性ショック（体内の血液の流れが悪くなって、様々な不具合が出ること）を起こして危険です。ですから、特に出血量が多い場合には、迅速な止血が必要にな

118

圧迫止血法

(協力：愛知県立大学看護学部)

使用するのは、①ビニール袋（またはゴム手袋）②清潔なタオル数枚です。

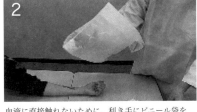

血液に直接触れないために、利き手にビニール袋をかぶせます。

清潔なタオルを直接傷口に当てて強く圧迫します。

可能であれば、傷口を心臓よりも高い位置に上げます。

出血が止まらなければ、両手で強く圧迫してもよいです。

出血がタオルから染み出てきたら傷口に当てたタオルは外さずに上から新しいタオルを当てます。上のタオルにも染み出したら上のタオルだけ交換します。

ある程度出血が止まったら、血液が付いた面が内側になるようにビニール袋を外します。

結び目が傷口の上に来ないように、三角巾やタオルなどで傷口に当てたタオルを縛って固定します。圧迫止血法は応急処置なので早期に医療機関を受診します。

Ⅳ 事前準備

ります。災害時には救急車が当てにできませんので、止血の方法をマスターしておきましょう。圧迫止血法が効果的です。

　使用するものは、①ビニール袋（スーパーなどの袋でよい）、もしくは薄手のゴム手袋、②清潔なタオル数枚、もしあれば大き目のガーゼです。

　まず、血液に直接触れないために、ビニール袋を職員の手にかぶせます。次に、ビニール袋をかぶせた手で清潔なタオルを持ち、傷口に直接当て、強めに圧迫します。可能であれば傷口を心臓よりの高い位置に上げて行うと、出血が止まりやすくなります。出血がうまく止まらないようなら、もっと強く両手を使って圧迫します。血液がタオルの外側に染み出てきた場合は、傷口に当てた1枚目のタオルは外さずに、上から2枚目のタオルを重ねて圧迫を続けます。もし、それでも2枚目のタオルに血液が染み出てきたら、上のタオルだけ交換しましょう。15〜20分ほどで出血が止まってきます。ある程度出血が止まったら、まず、血の付いた面を内側にして手が血液に触れないように注意しながら、ビニール袋を手から外しましょう。傷口を押さえていたタオルは外さずに、その上から新しいタオルや三角巾、包帯などで縛って固定します。そのときに、結び目が傷口の真上にこないように注意しましょう。圧迫止血法があくまで応急処置です。できるだけ早く医療者に診てもらうか、病院を受診しましょう。（協力：愛知県立大学看護学部）（156ページ「災害対応カード、圧迫止血法」を参照）

（イ）初期消火法

　火災を発見したら、初期消火を試みましょう。まず、慌てないことが大切です。そのためにも、年2回の消火訓練を通して、消火器の取り扱いに慣れておきましょう。火災の初期ならば消火器で消すことができますので、落ち着いて消火を試みましょう。

初期消火法

(協力：名古屋市消防局)

火災を発見したとき、人の背丈くらいまでの炎の場合は、初期消火を試みます

天井に達するまでに炎が上がっていたら、初期消火を諦めて、即座に避難します

火災を発見したら、大きな声で「火事だ！」と周囲に知らせましょう

消火器を床に置き、ピンを抜きます

ホースを火元に向けます

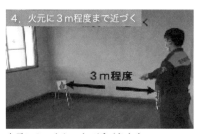

火元に3mくらいまで近づきます

レバーを荷繰り、消火剤を噴射します

狙うのは炎の上の部分ではなく、下にある燃えている「もの」です。視界が悪くなることに注意が必要です

Ⅳ 事前準備　121

①火災を発見したら、「火事だ！」と大声で周囲に知らせます。②消火器を持ちだしてしっかりと床に置き、安全ピンを抜きます。③利き手ではない手で「取手」を持って消火器を持ちあげます。④利き手でホースの先端を持って火元に向けながら、火元から3m程度まで近づきます。⑤レバーを握り、消火剤を噴射します。狙うのは、火災の炎の上部ではなく、下にある「燃えている物」です。「燃えている物」を狙わないと、火は消えません。粉末消火器を使った場合は、飛散した粉末で視界が悪くなることを知っておくと慌てずに済みます。

　火災を発見したとき、すでに炎を天井に達するくらいに上がっていたら、初期消火をあきらめて、即、避難行動に移ります。「消火失敗、避難！」と叫び、周囲に知らせます。避難する場合は、延焼を遅らせるために、火元に通じる扉はできるだけ閉めましょう。（協力：名古屋市消防局）（151ページ「災害対応カード、初期消火」を参照）

V 実情に合った災害対策を作ろう

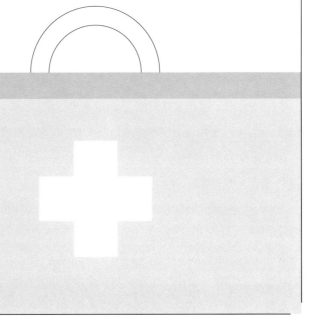

1. 現在の問題点

　保育施設は、立地する場所も、子どもたちの特質も、運営の方針も、そこで起こるかもしれない災害の特徴もそれぞれ違います。人間と同じようにひとつとして同じ保育施設はありません。一方、災害対策の一般的なマニュアルは、汎用性を持たせるために平均的な人間や一般的な組織を想定して作られます。そこに現実とのずれが生まれます。健常で屈強な大人ならば、「こうあるべき、こうあるはず、こうするべき」を示すマニュアルに合わせることもできるかもしれませんが、乳幼児にはそのような力がありません。このずれを解消するには、実情を土台として現実的に役立つ災害対応マニュアルを作る必要があります。そのためには、理想論や建前論ではなく、個々の保育施設や子どもたちの現実の問題を明らかにして、それらを解決する方策でもってマニュアルを編集しなければなりません。その方法が、ここで紹介する「ドタバタ・イベント法」です。

2. ドタバタ・イベント法

（ア）ドタバタ・イベントを想像しよう

　大地震が起こると、あなた自身や子どもたち、そしてその周りに、いろいろ困ったことが起こります。これをドタバタ・イベントと言います。あなたは、その時、どんなドタバタ・イベントが起こるか想像できますか？　それができないと、対策はできません。なぜならば、困ったことに対する策が対策だからです。

　さあ、そのとき、あなたの身に、子どもたちに、仲間に、ご家族に、そして建物や家具などの「もの」に、どんなドタバタ・イベントが起こるか、細かなことまで想像してみましょう。そして、気が付いたときにそれらを書き留めましょう。ワープロなら箇条書きで、付箋紙なら1枚にひとつずつです。あなたが想像できることは起こり得ます。想像できないことはほとんど起

こりません。3か月くらいをかけて、もうこれ以上想像できないというところまで、想像を絞り出してみてください。

● ドタバタ・イベントの例
どんな小さなことでも、すべての職員が書き留めよう

- よしお君が、1階のトイレに閉じ込められた
- 園の玄関が歪んで開かず、出入りができなくなった
- ガラスが割れて、廊下が通れなくなった
- ガラスが割れて、ひかりちゃんが足にケガをした
- 天井から部品が落下してゼロ歳児が頭にケガをした
- 電気が停まり、暑さで体調不良の子がいる
- 親と連絡が取れない子がいる
- 地震がおさまって点呼をしたら、1人いない
- 停電して園内放送や非常ベルが使えない
- 着替えが足りない

(イ)ドタバタ・イベント・カードを作ろう

ドタバタ・イベントを付箋紙に書き溜めた場合は、そのままドタバタ・イベント・カードとして使えます。ワープロに書き溜めた場合は、以下の設定で印刷して、ドタバタ・イベント・カードを作りましょう。

用紙はA4、余白は上下左右1cm、2段組、段間隔は3.5字、文字は14ポイントのゴシック体、行間隔は20ポイント、ひとつのイベントは7行以内、7行にならなくても改行して7行にし、第1段と第2段のイベントの位置が左右で揃うようにします。

これができたら、少し厚めの紙に片面印刷しましょう。印刷したら、イベントの下側に少し白スペースができるように、ひとつひとつのドタバタ・イベントをハサミや裁断機で切り離しましょう。こうしてできたものが、ドタバタ・イベント・カードです。

Ⅴ 実情に合った災害対策を作ろう　125

ドタバタイベントカード

子どもが泣き出しパニックになる つられて泣き出す子がいる	保育士の声が届かない
保育室だけでなく、トイレ、廊下 など、子どもがバラバラな場所に いる（排泄時に地震発生）	動けず、その場で立ちすくむ
不安になり抱っこをせがむ	慌てて動こうとして転ぶ
保育士の周りに来て、しがみつい て離れようとしない	慌てて動こうとして物にぶつかる
不安から泣きすぎて嘔吐する	慌てて動こうとして、友だちとぶ つかる

（ウ）ドタバタ・マトリックス台紙を作ろう

　次に、ドタバタ・イベントを分類するための台紙を作りましょう。A4ま たはA3の紙を9枚用意して、横向きで、縦3枚、横3枚、並べて貼り合

ドタバタマトリックス

	発災時	混乱期（急性期）	安定期（慢性期）
園児			
職員			
もの			

わせます。色違いの画用紙を用いてもよいでしょう。この縦3つ×横3つのマス目からなる表をマトリックスと言います。

　縦の3つの項目は、上からひとつ目が、保育施設なら園児です。二つ目は職員です。三つ目は園舎や設備などです。つまり縦軸は人やものです。

　横軸の3つの項目は、ひとつ目は「発災時」、二つ目は「混乱期（急性期）」（地震停止〜避難移動）、三つ目は「安定期（慢性期）」（避難場所、避難所）です。つまり横軸は時間です。

（エ）ドタバタ・イベント・カードを分類しよう

　ドタバタ・イベントを内容に基づいて分類します。マトリックス台紙で、縦の項目（人、もの）と、横の項目（時間）が交差するマス目に、当てはまる内容のドタバタ・イベントが書かれたカード（あるいは付箋紙）を貼り付けましょう。複数のマス目に当てはまるドタバタ・イベントもありますが、

Ⅴ 実情に合った災害対策を作ろう　127

● ドタバタ・イベント分類の様子
全員でドタバタ・イベント・カードを分類して
ドタバタ・マトリックス台紙に貼り付けよう

　より当てはまると思われるマス目に貼り付けます。重複する内容のドタバタ・イベントは片方を除外します。カード枚数が多い場合は、少しずらして重ねて貼ります。

　ひとりではなく、できるだけ多く人に参加してもらって、ひとりがカルタ遊びの読み手のように、ひとつひとつのドタバタ・イベントを読み上げ、それがどこのマス目に当たるのかをみんなで話し合いながら貼っていきましょう。これによって、災害時に何が起こるのかを、みんなで共有して理解することができます。

(オ) これがあなたの保育施設の被災の姿

　ドタバタ・イベント・カードを貼り終えてできあがった「ドタバタ・マトリックス」を、少し離れて眺めてみましょう。これが「あなたの保育施設の被災の姿」です。そしてこれが「あなたの保育施設が解決すべきことのすべて」です。これらすべてに対策を打てば、あなたの保育施設の災害対策は終了で、安心と自信を得ることができます。

● **できあがったドタバタ・マトリックス**
これが「あなたの保育施設の被災の姿」。解決すべき課題のすべて

(カ) 解決手段でイベントを分類しよう

　大きな災害が起こったときに、あなたとあなたの周囲に、いつ、どこで、どんなことが起こるのかが、「ドタバタ・マトリックス」を作ることで、はっきりしました。次に、貼り付けたひとつひとつの「ドタバタ・イベント」について、どのように解決するかを決めましょう。解決の方法は、以下の3つです。それぞれの「ドタバタ・イベント」をどの方法で解決するのか、色別のシールを貼って区別しましょう。

　①事前に解決できる（青色のシール ●）
　　話し合いや取り決め、物品を購入するなどで、事前に解決できる問題です。

Ⅴ 実情に合った災害対策を作ろう　　129

②アクション・カードを作る（赤色のシール ●）

　アクション・カードとは、慌てていても、それを見れば正しい行動ができるように、対応の手順を書いたものです。それが本当に必要な課題についてだけ作ります。

③あきらめる、無視する（黄色のシール ●）

　どうにもならないこともあります。いつまでくよくよと悩んでいても精神衛生上よくありませんし、かえって危険です。すっぱりとあきらめましょう。割り切って無視するのも、対策ではとても重要です。特に問題にならないこともあります。無視しましょう。

（キ）事前解決（準備）できる課題はさっさと解決しよう

　ドタバタ・イベントを、その内容で分類してみると、半分くらいが事前に皆で話し合ったり、行動を決めておいたりすることで、事前に解決ができるものであることがわかります。放置したままでは気分が悪いので、どんどん解決していきましょう。解決したドタバタ・イベントは、必ず「事前解決（準備）カード」にその内容を記録します。

　記載すべき内容は以下の通りです。［157ページ「事前解決（準備）カードの書式」を参照］

　①解決したドタバタ・イベント（問題）とは？

　②その場所と人は？

　③どのような問題か？（いつ、誰が、どんな）

　④どのように解決したか？

　⑤他の問題とのつながりは？

　これらを考えていく中で、新たな問題が出てきたら、ドタバタ・イベントに追加して、アクション・カードや事前解決（準備）カードを作成して解決しましょう。

（ク）アクション・カードを作ろう

ドタバタ・イベント（問題）の中には、それを解決するための手順が書いてあるカードがあると解決しやすいものがあります。これをアクション・カードといいます。特に、混乱して慌てている状況では、取るべき手順を着実に実行するために有効です。以下の内容で作ります。（148ページ「アクション・カードの書式」を参照）

①手順を示して解決したい課題（テーマ）

②カードを使うとき、人、場所

③解決の手順（色付きの行に主な行動や発言、白色の行にその補足説明を書く）

アクション・カードを作成する中で新たな問題が出てきたら、ドタバタ・イベントに追加してアクション・カードや事前解決（準備）カードを作成して解決しましょう。

（ケ）やってみて確認し、修正しよう

これで完成ではありません。作成した事前解決（準備）カードやアクション・カードに書いた内容を、防災訓練や避難訓練、あるいは普段の生活の中で検証することが必要です。そして、間違い、不具合、不足や過剰などに気づいたら、即座に修正します。専門的な知識や情報が必要な問題は、専門家や行政などに積極的に助言を求めましょう。

また、生活の中で新たにドタバタ・イベントに気付いたら、ドタバタ・イベント・カードを作成してドタバタ・マトリックスに貼り付け、アクション・カードや事前解決（準備）カードを作りましょう。

（コ）アクション・カードを活用しよう

アクション・カードは、災害時に発生する困難な状況を乗り切るため

●アクション・カードの活用例
地震停止後、保育職員がまず確認すべき項目を明示してある

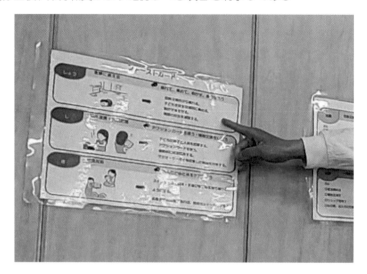

の手順(アクション)を示すものなので、マニュアルに入れておくだけでは役に立ちません。使う場面を考えて、必要なカードを使いやすい場所に配備します。パウチして、それを使いそうな場所の壁に貼ってもよいし、小さく印刷してフォルダに入れて、身に着けたり持ち歩いたりしてもよいでしょう。避難訓練でも、訓練内容やその時の状況にあわせて活用しましょう。

(サ)全体をまとめよう
　できあがった事前解決(準備)カードとアクション・カードを、ドタバタ・マトリックスの横軸である時間(発災時、混乱期、安定期)ごとにまとめましょう。次に、それぞれの時間経過項目の中で、今度は縦軸の人あるいはものの項目ごとにまとめます。それぞれの境目にインデックス・カード(例えば、「発災時／職員」などと書く)を挟んで区別します。最初

からこれ以上細かく分類する必要はありません。さらに細かな分類が必要であれば、分類名を書いたインデックス・カードで区別しながら仕分けしていきます。もし必要なら、並べたカードの必要な個所に補足説明のカードを作って挟み込みましょう。

　こうして並べ終わったものが、あなたの災害対策ブック、すなわち、あなたの災害対策マニュアルになります。

事前解決（準備）カード

カード番号	携帯のバッテリーが切れた	
いつ	どこで	誰が、何が

問題：
停電してテレビが使えないので、携帯電話で情報を得ようとしたら、どんどん電気を消費してバッテリー切れになった。停電しているので充電ができない。メールの発信も受信もできない。

解決：
普段から、毎日、携帯電話のバッテリーを満充電しておく習慣をつける。充電用のモバイル・バッテリーを2つ以上買って、毎日充電しておく。1週間に一度、充電をチェックする。モバイル・ソーラーパネルを買って、バッテリーに充電できるようにする。実際に充電してみて、コツをつかんでおく。

他とのつながり：
アクションカードNo.16とリンクさせる。

＋

アクション・カード

初期消火

1－4	随時	火災発見者

火災の発生を発見した.

叫べ！「火災発生！場所！　火災発生！場所！」

まず、落ち着く. そして、連呼する

火災報知器を押す

消火活動準備

1. 煙充満・火災天井到達 →「延焼中」と叫び逃げろ

煙を吸い込む, 一酸化炭素中毒を防ぐ
火災が天井に達していると初期消火不可能

2. 火災が天井に達せず → 消火作業開始せよ

初期消火を試みる. 同時に避難開始.

・初期消火成功　→　「火災、消えた！」

初期消火に成功したら, 消火成功を連呼

3. 初期消火失敗　→「延焼中」叫び退避

自身の安全を確保する, 無理しない

補足：防災訓練や消火訓練に積極的に参加する
　　　消火器の扱いに慣れておく
　　　消火器の使用期限に注意する

項目ごとにまとめて
時系列で並べる　⇨　マニュアル

（シ）既存のマニュアルとの関係 −表と裏−

　既存のマニュアルや標準的なマニュアルが役に立たないわけではありません。それらは「表」のマニュアルで、「ドタバタ・イベント法」によって作られたマニュアルは、いわば「裏」のマニュアルです。「裏」といっても

V 実情に合った災害対策を作ろう　133

「表」と対立するものではありません。より現実的・実践的な内容によって既存のマニュアルを補完するのが「ドタバタ・イベント法」によるマニュアルです。ですから、「ドタバタ・イベント法」によるマニュアルは、既存のマニュアルの「実践編」といってもよいかもしれません。

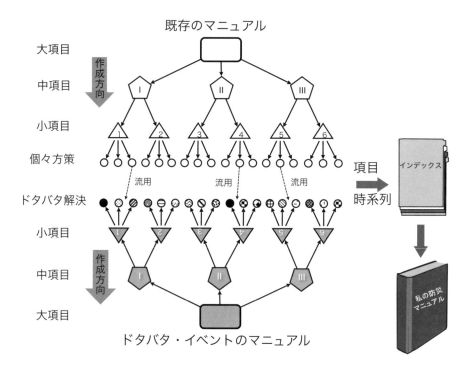

(ス)マニュアルの完成

　既存のマニュアルの内容で、保育施設の実情に合うものや役立つものがあれば、「ドタバタ・イベント法」によるマニュアルの中に入れていきます。すぐに入れるのではなく、訓練などを通じて実際に使っていく中で組み入れていけばよいのです。そうすることによって、次第に既存マニュアルと「ドタバタ・イベント法」によるマニュアルはひとつになって、その保育施設に合ったマニュアルに育っていきます。

（セ）BCPを作る

　大きな災害の発生が心配される現在、もしものときに社会機能を維持するために多くの組織がBCP（事業継続計画）を作成することを求められています。保育施設も例外ではありません。その作成に困難を感じている施設も少なくありません。

　しかし、BCPの作成はそれほどむずかしいものではありません。要するに、事業を（細々とでも）継続できて、徐々に本来の機能を取り戻していけるような道筋をつけられるようにすればよいだけです。元の状態に

● BCP の作成方法
保育施設を再開するために必要な最小限のことだけを抜き出す

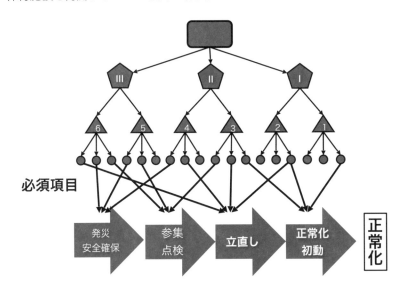

戻すことを急ぐあまり、なんでもかんでも詰め込んで複雑な計画になってしまう例を多く見ますが、被災の中でそれは無理なことです。保育施設では、まず職員の安全を十分に確保することから始めて、施設の安全評価と復旧に取り組み、子どもを受け入れるための準備を無理なく少し

ずつ進めていく、それだけで十分です。決して焦らないことです。

　そのために必要な最小限のことを、マニュアルから抜き出して時系列に並べましょう。それがBCPです。そして、必要ならそれに少しだけ肉付けをしていきましょう。大事なのは、決して欲張らないことです。「とりあえず」でよいのです。

3. 避難訓練はどうやるか

　標準的な既存マニュアルによって、漫然と同じような避難訓練が繰り返されています。しかも、結果は大成功です。「よくできました。本番もがんばりましょう」という講評です。しかし、大成功の避難訓練ほど危険なものはありません。実際の大きな災害では、避難がシナリオ通りに大成功なことはほとんどありませんし、がんばることもできないからです。危機管理学では「成功は失敗を助長する」と教えます。成功は失敗につながるのです。成功体験ばかりしていると、人間はどんどん考えなくなって、不測の事態に対応できなくなってしまうからです。残念ながら、人間は失敗からしか学べないのです。

　ですから、避難訓練では、意図的に小さな失敗を入れてみると効果的です。危険なことをしてはいけませんが、たとえば、「廊下が通れなくなっている」とか、「集合して人数確認してみたら、（全員いるのに）数え間違えて、ひとり足りない！」とかです。とっさになんとかしてみる。そして、訓練後に、みんなで原因と解決法を考えます。そうやって、保育施設は災害対応の力をつけていくことができます。

　避難訓練は、小さな練習を積み重ねることがコツです。特別な訓練時間を割く必要はありません。普段の保育の中で、ちょっと時間ができたときや、日常の行動や遊びの中に入れ込むと無理がありません。例えば、みんなで園庭に遊びに出るときに、避難移動を想定して、「二人ずつ手

をつないで並んで出てみよう」、「先生が、こういう合図をしたら、ここに集まろう」とか、階段を降りようとしている時やトイレに行こうとしている時に、「今ここで地震が起きたらどうする?」と子どもに問いかけてみたりとかです。

避難の時の動きは、突然にはできません。また、突然やろうとすると、驚いて動きが止まってしまったり、混乱して予期せぬ行動をしてしまったりする子どもがいます。そうすると、落ち着いた避難行動ができなくなってしまいます。それを避けるためには、避難の行動を小さく分割して、ひとつひとつの動きに馴染ませておく必要があります。そうすると、実際の避難でも、子どもたちは、安心と信頼の中で動けます。普段から馴染んでいる動きなので、子どもたちは、災害避難であることをあまり意識せずに避難を完了することができるでしょう。

避難訓練の目的は、子どもたちに危機感を持たせるためではありません。どんなことが起ころうとも、常に先生が自分を見てくれていること、自分をしっかりと守ってくれること、そして、先生やお友だちといっしょに行動すればこわいことを乗り切れることを子どもたちに感覚的にわかってもらうためです。ですから、訓練といえども、職員は実際の災害時と同じように普段以上の声かけをして、子どもたちひとりひとりを守っていることを示しましょう。

保育施設で決めた方法(アクション・カードなどで示された方法)が、それでよいかを検証するのも、小さな訓練の役割です。実際にやってみて、問題点について修正を加えていきます。

そして、年に一度か二度、全体を通した総合避難訓練を実施して、園全体の指揮命令系統や情報伝達がうまく動くかを評価します。大切なのは、小さな避難訓練も、総合避難訓練も、意識してゆっくりと動くことです。多くの避難訓練では、動きが速すぎて、何とはなしに終わってしま

います。それでは訓練になりません。避難行動終了にかかる時間を計測して1秒でも早くできることを目指す施設がありますが、危険な面が大きいです。避難は競技ではありません。保育施設の避難で一分一秒を争う事態はほとんどありません。逆に、急ぐあまりに生まれるリスクがメリットを越えてしまいます。ただでさえ激しいストレスがかかる状況なので、速さよりも着実さを優先させた方がよいと思います。

　避難訓練は、上手に素早くやるのが目的ではなく、各自が自分の役割と動きを確認し、園全体として、どこがよくてどこが悪いかを明らかにするのが目的です。ですから、これ以上ゆっくりできないくらいの速度で、よく見ながら、よく考えながら進めることが大切です。

VI
保育施設の防災の考え方

1. 災害弱者とは

　災害弱者とは、地震や津波などが起こったときに、「とにかく逃げる」ことがむずかしい人たちです。力によってピンチを克服できない人たちです。乳幼児や高齢者、妊産婦、傷病者や障害者などがそれに該当しますが、それらの方々をケアする人たちも、実は災害弱者です。それらの方々を置いては逃げられないからです。また、健常で強い人でも、ケガをしたり体調が悪かったりしたら、あっという間に災害弱者になりますので、災害弱者は何も特別な存在ではありません。

　保育施設は災害弱者の集まりです。乳幼児はからだのいろいろな機能が発達途上で力も抵抗力も弱いですし、理解力や判断能力も十分に育っていませんので、一方的に守ってあげる必要があります。

　ただ、だからといって災害弱者は必ずしも不利だというわけではありません。災害に対する正しい知識を持てば、自分の弱点を理解できて、適切な対策を打てるからです。ただし、その対策はしっかりと自分に合っていなければいけません。出来合いの対策や平均的な人を対象としたマニュアルは、見かけはよくても自分の状況にマッチしていません。最悪を想定した対策も、必ずしも災害弱者の役に立つとはかぎりません。災害弱者は多様で、しかも力が限られるからです。自分を想定やマニュアルに合わせることはできません。逆に、想定を参考にしつつもマニュアルを自分に合わせる必要があるのです。

2. 災害弱者避難の基本方針

　災害弱者の避難方針の基本は、「いのちを守ることが最優先」だということです。理想的な避難や既成のマニュアル通りの行動はできないけれど、いのちだけは失わないようにする。潤沢な資金やマンパワーはないけれど、無理せずに可能な範囲で工夫する。そのためには、災害弱者

● **強者と弱者の避難方針の違い**
弱者は無理をせずに使える安全を活かすことが重要

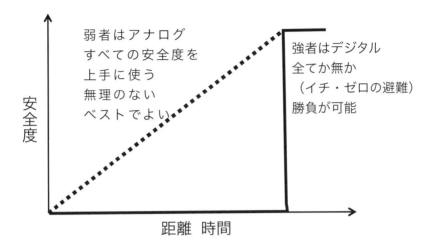

 の避難についての正しい知識と適切な計画が必要です。災害避難は、戦(いくさ)に例えれば「撤退戦」です。戦は、攻めるより逃げる方がむずかしいと言います。撤退戦は「とにかく逃げろ！」ではなく、戦術が必要です。それが災害弱者の避難です。

　強い人は無理ができます。失敗しても取り返しができます。「全てか無か」の避難（イチゼロの避難、勝負の避難、デジタルの避難）ができます。「とにかく逃げろ！」が可能です。一方、災害弱者にはそれができません。勝つか負けるかの勝負をすれば、高い確率で負けるでしょう。戦術の方針を変えなければならない。それは、「中途半端な安全度をうまく使いこなすこと」です。

　そして、本番では予定していたことの3割、幸運なら半分できればよしとします。それでも命が助かるように対策を組みます。また、できることが限られるので、起こる可能性が極めて小さいと思われるリスクは思い切って切り捨てることも大切です。可能性が低いことにとらわれて、可能

性が高いことの対策がおろそかになったら本末転倒です。災害弱者の対策では、割り切りも大切なのです。

3. 自分たちの力を知る、使う、活かす

　「とにかく逃げ出せば、あるいは、がんばればより安全になる、とは限らない」のが災害です。避難とは「難を避ける」ことであって、必ずしも今いる場所から逃げ出すことではありません。逃げ出すことは、難を避けるためのひとつの手段でしかない。逃げ出せばより安全になるとは限らない、逃げ切れないかもしれない。災害対策では、果してそれは必要なのか、可能なのかを判断しなければならないのです。

　そのためには、自分たちの力を知って活かすことが重要です。からだそのものの力はもちろんですが、精神力、思考力、資金力、設備の安全

対策をするとは

それぞれの保育施設が
「自分のベスト・ベター」が
わかる、使える、活かせる
環境を整備すること
想定に合わせることではない！

性など、どれくらいまで、どのようにできるのかを考えてみましょう。人間は、できることしかできないのです。災害になれば、ピンチなのは1歳の子どもでもわかります。言われなくてもだれでも頑張ります。でも、できる

ことしかできません。ですから、無いものねだりをせずに、できることをできるようにすることが大切です。できないことを無理にやろうとすると、安全度は逆に下がってしまうのです。

4. 自分のベストでよい

　地震や津波、洪水などの自然災害では、様々な被害想定が出されます。しかし、災害弱者の対策を考える上では、想定にとらわれる過ぎる必要はありません。想定とは、読んで字のごとく「想い定めた」ものです。誰が定めたかというと、行政の担当者や学者です。しかも、それは真理ではなく、あくまでの仮説です。仮説とは、ある理論に基づいて作られたお話です。仮説を立てるためには、様々な数式を使い、その中の変数の大きさを決める必要がありますが、数字を少し変えれば想定はいくらでも大きくも小さくもなります。

　残念ながら、最新の科学をもってしても、今までの大きな災害で想定が当たったことはごく稀です。まだまだ、「当たるか当たらないか」の世界

● **災害想定と対応安全度の関係**
保育施設には限界がある。無理をするとかえって危険度が増す

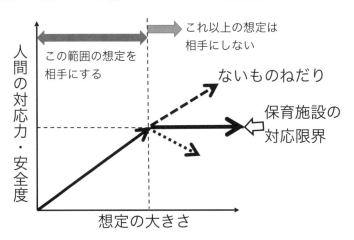

VI 保育施設の防災の考え方　143

なのです。加えて、想定は理論上最大・最悪の結果に、安全マージンを取ってさらに大きめに表されるのが普通です。理論上最大・最悪の事態が実際に起こる確率は非常に小さいです。想定は、本当は理論上最も起こりやすい結果を表すとよいのですが、科学的にはその方が難しいですし、行政も学者も「もしも」や「想定外」を恐れますので、どうしてもほとんどあり得ない最悪で表現されてしまいます。現実的には、そんな「想定外」に対応することなどほとんど不可能です。ですから、想定は信じるものではなく、参考にするものなのです。「こういう条件だと、こういうことが起こる可能性もあるのか」程度の理解でよいのです。

　一方、人間の力には限界があります。それは災害の想定によって、大きくなったり小さくなったりするものではありません。災害に関係なく一定です。どんな想定がなされても、本当の災害の大きさは実際に来てみないとわかりません。ですから、大きな災害が起こったら、想定に関係なく、自分のベストとして決めておいたことをやればよいだけです。「自分のベストをやらなければならない時が来てしまった」ことは、子どもでもわかります。一生に一度あるかないかです。もし実際の災害が自分の限界を超えてしまったら？　そのときは、「確かに、まともな力ではかなわない。でも、自分としてのベストでよい。自分たちはそれで上手に乗り越えられる」、そういう納得ができるようになるのが対策の成果です。

　災害対策とは、想定に合わせることではなく、自分の力を知って、使えるように準備し、十分に活かすことなのです。多くの人は災害ばかりに目が行っています。もっと自分と子どもたちを見ましょう。避難するのは人間なのですから。

5. 保育施設災害対策のポリシー

　保育施設は無理が効かない年少児の集団ですが、ひとりのいのちも失うことが許されません。特徴も保育施設ごとに異なります。そこで有効な災害対策を作るためには、大事な3つの原則があります。

①最弱児を基準にして全体を組み立てよう

　普段は最も強い子が、あっという間に最も弱い子になってしまうのが災害というものです。これは大人でも同じです。保育施設の避難では、ひとりも積み残していくことは許されません。災害でよく言われる「ひとりでも多くの命が助かるように」といった理屈は通用しません。全員が助からない避難は避難ではないのです。最も弱い子を基準として対策を組んでおけば、無理をせずに全員に対応が可能で積み残しがありません。

②冗長性を担保しよう

　「代え」があることです。災害避難では、壊れたり、なくしたり、合わなかったりといった予期せぬトラブルがよく起こります。そういうときに困らないように、あるものが使えないことを見越して、代わりになるものを準備しておきます。特に、無いと困る物には、もしもの場合を考えて、入念に準備しておきましょう。

③がんばらない、がんばらせないことを基準にしよう

　保育施設は力任せの対策は不適切です。がんばって済むものではありません。子どもたちに精神論は通じません。災害が起こると環境が急激に悪化しますので、平時のがんばりができなくなります。言われなくても、子どもたちは自分なりにがんばりますので、それ以上を求めてはいけません。むしろ、がんばらないで済むことを基準にして対策を組み立てます。

6. 保育施設は地域災害対策のグローバル・スタンダード

　保育施設の災害対策というと、行政も一般の方々も、何か特別なこと

のように思ってしまいがちです。でも、それは違うのです。保育施設には、様々な乳幼児がいます。からだの強い子もいれば弱い子もいます。病気を持つ子もいれば、障害のある子もいます。外国人の子どももいます。子どもたちの家庭環境も様々です。保育施設そのものも潤沢に資金があるわけではありませんし、あり余るマンパワーがあるわけでもありません。すべての面でまったく無理が効きません。つまり、保育施設は、社会の災害弱者の特徴のほとんどすべてを持っているのです。

ですから、保育施設の災害対策は、地域の災害対策のモデルとなります。社会の様々な災害弱者の対策に応用可能です。すなわち、保育施設の災害対策は、実は地域災害対策のグローバル・スタンダード（総合基準）だったのです。

保育施設の対策

災害対策の
グローバル・スタンダード！

VII

災害対応カード

本章では、アクション・カード、
事前解決(準備)カード、チェックリストの
書式と実例をお示しします。
実際は、各保育施設の実情に
合わせて作成してください。

1. アクション・カードの書式

2. アクション・カードの内容

テーマ（何の解決のための手順か）

カード番号	配備場所	使う人
このカードが必要になった状況説明		
具体的な発言や行動、指示		
補足説明		

備考：

Ⅶ 災害対応カード　149

3. アクション・カードの事例

初動指示（リーダー）

No.	職員室	リーダー（園長）
大地震が起こり、最初の揺れが収まった		
○○です．私がリーダーです．本部は△△です（2回）		
大声やメガホンで園舎内に力強く叫べ		
安否確認お願います．不明児、ケガ、報告してください		
クラス担任から大声で報告を受ける．報告をボードに記入せよ		
（復唱）○○クラス、全員無事、了解です		
報告は必ず相手に聴こえるように復唱せよ		
（復唱）○○クラス、1名不明、1名ケガ、了解です		
問題の報告は、2回、復唱する．即座にボードに記載せよ		
○○先生、○○クラスの不明児捜索をお願いします		
フリーの職員に不明児の捜索を命じよ．クラスと名前を伝えよ		
△△先生、ケガの手当て支援をお願いします		
所定の場所から救急箱を持ち出せ．指名職員の復唱を確認せよ		
完了したら報告してください		
解決困難なら、さらに増員せよ．結果は即座にボードに記載せよ		

初期消火

No.	保育室、職員室	火災を発見した職員
炎や煙を発見した		
火事だ！　○○（場所）！　避難開始！（連呼）		
慌てるな、はっきり力強く叫べ、3回連呼せよ		
炎が天井に達せず ⇒ 初期消火実施！（連呼）		
炎が天井まで ⇒ 初期消火不能！避難！（連呼）		
フリーの職員は消火器を持って現場へ		
2本使えるなら、2人で		
消火器を床に置き、ピンを抜け		
その場でレバーを握るな		
火元から3mまで近づけ		
煙や熱気が少ない方向から近づけ．無理するな		
火元にノズルを向け、レバーを握って噴射		
炎に向けるな．燃えている「もの」に向けよ		
消えた ⇒ 初期消火成功！（連呼）		
消えない ⇒ 消火失敗！（連呼）　その場から逃げよ		

Ⅶ 災害対応カード　　151

園庭への移動

No.	保育室	クラス担任
リーダーから園庭に移動する指示が出た		
子どもたちを集めて座らせよ．「みんな、ここに集合！」		
動き回らないように指示．その場にいない子を連れ戻せ		
上着を着せて２列に整列させ、名前と人数を確認せよ		
その日その時の在園の子どもを正確に把握せよ．２度確認せよ		
移動開始を本部に伝えよ．「○○クラス、出ます」		
前と後ろに職員を配置．移動中に子どもが離脱しないように注意		
落ち着いて移動せよ．出口で靴を履かせて待機せよ		
走るな、押すな、意識してゆっくり．確実に靴を履かせよ		
職員は一足先に出て上方安全確認．OKなら「おいで！」		
確認が済むまで出すな！安全なら一気に出せ！		
クラス単位で外へ．リーダーの場所へ引率せよ		
リーダーはあらかじめ安全な集合場所に待機している		
整列させ、座らせて点呼．完了をリーダーに報告せよ		
クラス名と本日の登園児がすべてここにいること．リーダーは記録		

お散歩中の発災

No.	お散歩	引率職員
お散歩中に地震が発生した（ゲリラ豪雨になった）		
子どもを集めよ！全員いるか確認せよ！		
離れた子どもを呼び戻せ．確実に人数確認せよ		
周囲を見よ！上を見よ！交通を見よ！		
これから避難移動する．落ち着いて周囲の状況を把握せよ		
安全な場所に移動して、落ち着け		
地震なら開けた場所．ゲリラ豪雨なら建物の内部		
保育施設に連絡せよ		
保育施設側も、お散歩からの連絡に注意せよ		
電話、LINE、メールの順番		
場所と状況を伝えよ．指示をもらえ		
外の状況を観察せよ		
地震は30分そこで待て．ゲリラ豪雨は雨が止むまで待て		
逃げ込む場所を考えながら、園舎に戻れ		
常に周囲に注意を払え．危険を感じたら手前に戻れ		

Ⅶ 災害対応カード 153

遠足で地震発生

No.	遠足現地	引率職員
遠足の現地で地震が発生した		
まず動くな！その場で可能な安全確保せよ！		
即座に周囲を見よ！危険な場所の子どもだけ動かせ		
子どもを集めよ．人数と安否確認せよ		
あせらず、子どもの安否を確認せよ		
安全な場所へ移動せよ．ケガを手当てせよ		
できるだけ安全な場所に移動せよ		
スマホ等で情報を取れ．施設に連絡せよ		
地震の震源と規模、津波警報の有無を知れ．現状報告せよ		
とりあえず身を寄せる場所を決めよ		
バス、最寄りの建物、近くの保育施設．施設と相談せよ		
身を寄せる場所に移動せよ．挨拶せよ		
余震や周囲の状況に注意せよ．落下物や電線に注意		
そこで過ごす準備をせよ		
子どもを落ち着かせよ．物品を準備せよ．移動完了連絡を		

外部から保育施設へ連絡

No.	職員携行	引率職員
お散歩・遠足で発災．保育施設と連絡を取りたい		
電話をかけよ〇〇〇-〇〇〇-〇〇〇		
事前にスマホに登録した保育施設の電話番号を使え		
メールを送れ @ メールドレス		
事前にスマホに登録した保育施設のメールアドレスを使え		
LINEでメッセージを送れ		
保育施設職員のLINEグループを使え		
保育施設からの応答を待たず安全確保せよ		
まず、自分たちの安全確保を保て		
指示が無い場合は、帰園に向けて動き出せ		
事前に決めておいた方法をゆっくり進めよ		
途中で電話とLINEを試みよ		
繰り返すうちにつながることがある		

圧迫止血法

No.	保育室（クラス室）	職員
ケガをした．切り傷から出血が多い．止血する必要あり		
薄手のゴム手袋かビニール袋を手に被せる		
スーパーのレジ袋を利用してよい		
その手で清潔なタオルを持ち、傷口に当てて圧迫せよ		
出血が止まりにくいなら、両手で圧迫せよ		
できれば、傷口を心臓より高い位置に上げよ		
台などを利用せよ．無理をするな		
血液が染み出したら、上から２枚目を当てて圧迫せよ		
1枚目のタオルを交換してはならない		
２枚目にも染み出してきたら上のタオルだけ交換せよ		
出血が多くても、１枚目のタオルはそのままにせよ		
出血が止まったら、ビニール袋を手から外せ		
血液に手が触れないように注意せよ		
新しいタオル、包帯、三角巾などで縛って固定せよ		
結び目が傷口の真上にならないように注意せよ ⇒ 医療機関へ		

4. 事前解決（準備）カードの書式

5. 事前解決（準備）カードの内容

解決すべき課題

カード番号	課題発生場所	担当者
解決すべき課題の具体的な内容		
どのように解決したかの具体的な内容		
他のカードなどとのつながり		
備考：		

6. 事前解決（準備）カードの事例

ドアが開かないときの対処法

No.	保育室	保育者
大きな地震が発生して、揺れがとまったので、職員が本部への報告と、トイレに行っている子どもを連れ戻そうとしたら、建物にゆがみが出て、廊下側のドアが開かない。園庭側の窓も開かない。部屋から出られなくなった。		
①まず落ち着く。 ②ドアを揺すってみる。 ③ドアの上下左右を強く叩いてみる。 ④ドアの隙間に差し込めるもの（固い物）を探して、テコの原理でこじ開けてみる。 ⑤助けを呼ぶ（緊急時の笛の合図を決めた）などの手順を職員で話し合って確認した。 　また、手順を示したアクション・カードを作り、各保育室に配備した。		
アクション・カード番号○○-○○を見よ		
備考：職員室にドアなどをこじ開けるためのバールを配備		

VII 災害対応カード　159

7. チェックリストの事例

物品安全度チェックリスト

部屋名	品名	■ 赤	■ 黄	■ 青	対策
お遊戯室	ピアノ	✓			済

火災防止チェックリスト

部屋名	品名	異常なし	スイッチオフ	コンセント抜き
お遊戯室	電気ストーブ	✓	✓	✓

もしもし巾着チェックリスト

品名	数量	チェック
着替え（パンツ、シャツ、靴下）	各2組	
上着	1枚	
手袋	1組	
タオル（35x80cm程度、通常サイズ）	2枚	
マスク	2枚	
使い切りカイロ	2個	
ポケットティッシュ	2袋	
ゴミ袋（45リットル）	2枚	
水パック（300cc程度のパック）	1個	
お菓子（小袋タイプ）	2袋	
マスコット（小型）	1個	
常用薬（必要な子どもだけ、名札と照合）	3日分	
おむつ（乳児用、運搬分担）	2枚	
名札（巾着の表につける）	1枚	

園外避難持ち出し物品チェックリスト

品名	数量	チェック
保温物品（毛布、床敷）		
雨具		
トイレ用品（便座、袋、凝固剤、消臭、おむつ）		
トイレットペーパー、ティシュ、手指消毒		
食べ物（お菓子、食器、スプーン）		
ミルク（哺乳瓶、乳首、加熱器具）		
水（食器）		
救急用品（絆創膏、三角巾、マスク、常備薬）		
運搬用品（カート、だっこひも）		
スマホ（バッテリー、ケーブル）		
照明機器（ランタン、懐中電灯）		
常用薬（必要な子どもだけ、リスト）		
おもちゃ、本		
ロープ、結束バンド、誘導棒、笛（防犯ブザー）		
その他（嗜好品、イヤホン、本）		
各自のもしもし巾着		

Ⅶ 災害対応カード　163

索引

●あ行

暑さ	29,44,56,58,77,80,85,111
アレルギー	46,77,106,116
安否確認	19,29,32,57
医療機関	21,76-78,97,114,120
引率（先導、誘導）	25,26,28-30,36,42,55
運営	42,56,73,90,92,124
運搬（運ぶ）	44,47,48,50,55,81,108,112,113,117
液状化	40,48,52,53,75
エピペン	116
園舎外避難	35,36,65
遠足	23,28,29,48,50,113
園庭	19,29,36,39-43,56,92,136
園舎内避難	22,23,40,56,57,70,72,89-91,94,112,113,115,116
大津波警報	25,27,58,63-65,73
汚物	88,102,115
おむつ	45,56,94,103,113,115
おやつ	56,84,106

●か行

解除	27,28,58,74,94
階段	37,137
外部避難場所	24,42,44-46,48,53,55,56,94,102,103,107,111-116,118
カイロ	44,46,83,84,111,117
火災（火事）	32-38,40,54,118,120,122
菓子	28,46,84,106,117
家族（家庭）	68,91,95,96,97,104,124,146
カート（キャリア）	47,54,112,113
ガラス	33,39,40
ガレキ	63,64
監視	34,36,37,41,90
感染	47,90,116

気温（室温）	41,58,78,81,82,85
着替え	45,56,77,83,94,112,113,117,118
危険度	13,41,62,98
行政	25,27,42,47,51,53,56,60,71,73,74,90,97,98,108,131,143-145
救急	20-22,41,47,116,120
記録	20,21,40,50,63,130
緊急安全確保	71
緊急地震速報	12,14,58
緊急退避場所	25,26,55
緊急避難場所	27
薬	47,49,77,104,116-118
靴	37,38,42,44,83,117
訓練	21,22,38,66,68,118,120,131,132,134,136,137,138
警察	93
警報	12,25,27,33,58,62-65,68,69,70-74,81,94
ケガ	13,14,16,18,20,21,24,29,32,39,44,47,92,116,118,140
豪雨	26,28,30,58,69,70,72,74,75,118
ゴミ	50,76,115,117

●さ行

寒さ	29,44,56,58,77,80,84,87,111
散歩	23-26,29,30,35,48,55,112,113
止血	21,118,120
自宅	26,27,75,91,97
指定避難場所	25,29,47,51,52,77,90,108
シート	28,30,44,50,57,70,82,83,86,111-113,115
集合	20,23,36,41,42,55,136
就寝	44,76,89
充電	48,59,105,112,114
授乳	88,108
消火	32,35,36,38,118,120,122
消毒	46,47,88,103,107,116
消防	32,34,35

164

情報 19,24,25,27,30,33,48-50,
　　53,57-60,68,71,73-75,90,
　　93,94,105,114,118,131,137
照明(懐中電灯) 33,49,92,112
震源(震度) 12,57
浸水 23,26,28,48,57,58,60,
　　62-66,68-71,75,113
垂直避難 66
スイッチ(ブレーカー、コンセント)
　　32,33
水道 66,107
スマートフォン 12,26,27,29,41,
　　48,59,90,94,96,105,114
咳 90
送迎 27,28,95
捜索 21
掃除 40,56,57,70
相談 93,98,100
想定 23,26,28,57,60-62,64,
　　65,76,117,124,136,140,
　　143,144
損傷(破損) 18,32,33,39,40,42,
　　45,54,76

●た行
体温 80-86,89,106,110-112
耐震 22,98
台風 28,58,70,72
脱水 82,84-87,88
他の保育施設 23-25,38,51,
　　52,99
食べ物(食品、食料) 29,46,106,
　　111
ダンゴムシ 17,18
断水 66,88
担当者 56,93,143
注意報 27,30,58,62,69,71,
　　73,74
調理 32,33,46,59,66,103,
　　104,106,107,108
通園(登園) 20,23,24,26,27,
　　36,73,94
通信 33,48,50,58,59,67
机 14,15
津波 22,23,26,27,54,57,58,

60,62-66,68,72,73,113,
　　140,143
津波警報 25,27,58,63,64,68
津波注意報 27,58,63
津波避難ビル 25,27
手当て 13,21,29,32,116
停電 32,49,54,59,77,78,
　　112,114
天気(天候) 29,30,58,70,74,
　　105
電源 29,33,48,49,59,77,78,
　　105,114
電池 49,78,89,112,114,116
電話(通話) 26,35,59,90,95,
　　105,114
トイレ 20,28,29,45,53,56,66,
　　84,87-90,94,102,103,111,
　　112,115,137
道路(交通) 26,28,29,48,54,
　　55,60
泊り 74-76,88-90,97,116,118

●な行
名前 19,20,95,118
二階 25,28,63
乳児 15,36,37,44-46,48,55,
　　89,108,112,113
尿 82,87,89,99,103
熱中症 80,84,85,86,115
飲み物 84,107

●は行
配置 36,37,42,55,90
ハザードマップ 25,51,60,71,72
バス 27-29,73,105
ハラスメント(苦情) 92,93
引き渡し 38,94,95,97
備蓄 47,76,78,84,86,
　　102-104,106-108,115
避難指示 71
避難場所 22,24,40,46,47,49,
　　51-53,55,56,88,91-93,96,
　　114,127
不審 93,94
プライバシー 56,88,113

ペットボトル 28,47,107,108
ヘルメット 19,38,41
保育室 15,37,76,112
防災頭巾 19,41,111
防犯ブザー 94
保温 28,29,44,50,76,83,84,
　　87,88,110,111,117
保護者 22,26,27,38,42,49,
　　50,60,67-69,73-77,91,
　　94-96,99,114,118
哺乳瓶 46,108
本部 19,20,41

●ま行
マスク 42,47,50,77,78,117
マップ 13,28,52,55,59,60
マニュアル 124,132-134,136,
　　140
ミルク 46,103,108,110,111
迎え 68,73-77,94,95
名簿 29,41,49,50,92
持ち出し 20,41,44,50,51,118

●や行
夜尿 89,99
行方不明 20,21
容器(食器) 46,66,67,107
余震 23,26,40,65,68,88
夜泣き 56,113

●ら行
落下物 14,15,18,19,26,
　　40-42,55
リスト 13,32,44,50,51,114,
　　118
リーダー 19-21,32,33,35,37,
　　39,40-42,50
連絡(メール) 19,25,26,28,42,
　　49,56,67,68,75,90,95,96

BCP 135,136
LINE 26,67,105,114
SOS 92

165

謝辞

　本書の記述内容については、澁谷初江先生（社会福祉法人道徳福祉会ちゃやひるず保育園園長）、山岡真由実先生（上飯田児童館館長、元島田第一保育園園長）、その他数名の保育施設関係者に校正していただきました。

　イラストの作成は、宮田律子先生（上名古屋保育園園長）に監修していただきました。

　初期消火法は、名古屋市消防局にご指導いただきました。圧迫止血法は、藤野あゆみ先生（愛知県立大学看護学部教授）と天木伸子先生（日本赤十字豊田看護大学准教授）にご指導いただきました。カップフィーディングは、神谷摂子先生（愛知県立大学看護学部教授）にご指導いただきました。子どもの引き渡し方法は、学校法人お東学園お東幼稚園の先生方にご指導いただきました。避難場所における性犯罪被害の防止については、乾栄里子氏（徳島新聞記者）にご教示いただきました。

　本書に記述した内容は、港保育園（名古屋市港区）および正色保育園（名古屋市中川区）の先生方と子どもたちの協力に負うところが大きいです。ドタバタ・イベント法の開発と普及では、名古屋市中川区役所のご助力をいただきました。危機管理に関する考え方では、渡邉吉之氏（元航空自衛隊および三菱重工業テストパイロット）からご教示をいただきました。本書に記載した内容の教育と実践では、愛知県内の多数の市区町村行政の保育、防災、保健、社会福祉担当部署、ならびに多くの保育関連組織から講演会や研修会の機会を与えていただきました。本書を作成のための多くの人的・組織的調整は、酒井信弥氏（名古屋市児童福祉センター管理課長）にご尽力いただきました。武田頼政氏（ジャーナリスト）と梅田歳晴氏（中日新聞記者）は、私の研究活動内容を本としてまとめることを強く勧めて、その道筋をつけてくださいました。

　本書の編集および出版では、中日新聞社出版部の鵜飼哲也氏（現中日新聞福井支社長）、井鍋雄介氏、そして出版部の皆さまに大変お世話になりました。

　心より感謝申し上げます。

あとがき

　本書は、多くの保育施設の要望から生まれました。そして、本書にまとめた内容はすべて、多くの保育施設の職員の方々や子どもたちから学ばせていただいたことを、危機管理学や医学・看護学の考え方を使ってまとめたものです。今までご縁をいただいた多くの保育施設の関係者の皆さまと子どもたちに心から感謝の意を表します。

　本書は、保育施設だけでなく、すべての災害弱者の対策の参考にしていただけると思います。一方で、本書は教科書ではありません。それぞれの保育施設や災害弱者とその関係者が、自分で考え、自分で対策を作る手がかりにしていただくためのものです。たくさん疑問や批判を持っていただいてよいのです。災害への対応で大事なのは、「打てる手を、次から次へと考えることができる力」だからです。

　災害が起こることは避けられません。子どもたちは、災害を含めた日々の様々な経験を糧にして成長していきます。その子どもたちのいのちを、日々、全力で守り育む保育施設職員の姿には、尊敬と感謝の念を抱かざるを得ません。新型コロナウイルス感染症のパンデミックへの対応でもそうでした。本当に、ありがとうございます。

　本書を「今日も明るく楽しい保育施設」であることに、少しでも役立てていただければ幸いです。どうか、ご安全に！

著者略歴

清水宣明（しみず・のぶあき）
1959年栃木県鹿沼市出身
群馬大学大学院医学系研究科博士課程修了（医学博士）
群馬大学医学部分子予防医学講座・講師
愛知県立大学看護学部・教授
愛知県立大学・地域災害弱者対策研究所・所長（兼任）
専門は災害危機管理学、感染制御学

現在、保育施設、行政、さまざまな組織からの依頼で、
災害対策に関する多数の講演・教育活動を行っている。

保育施設の災害対応ガイドブック
2024年9月10日　初版第一刷発行

著者　清水宣明
発行者　古田真一
発行所　中日新聞社
〒460-8511　名古屋市中区三の丸一丁目6番1号
電話　052-201-8811（大代表）
　　　　052-221-1714（出版部直通）
印刷・製本　株式会社アイワード
ブックデザイン　坪内祝義

© Nobuaki Shimizu, 2024 Printed in Japan
ISBN 978-4-8062-0819-8 C0036
落丁・乱丁本はお取り替えします。定価はカバーに表示してあります。